누구도 알려주지 않았던 **문서작성**의 **숨은 규칙!**

상사도 궁금해하는

보고서 레볼루션

김달원 지음

★★★★★
30만 공공 직장인이
선택한 국내 최고의
명강사!

"**작성자**가 하고 싶은 말이 아니라
독자의 궁금사항을 담을 수 없을까?"

8년 만에 전하는 **《보고서의 정석》 개정판**
사례로 풀어 **실무**와 **역량평가** 준비에 **즉시 활용 가능!**

중앙경제

상사도 궁금해하는 ──

보고서 레볼루션

◦ **초판인쇄** 2023년 2월 23일
◦ **초판발행** 2023년 3월 6일

◦ **지 은 이** 김 달 원
◦ **펴 낸 이** 김 남 진
◦ **펴 낸 곳** 중앙경제
◦ **내지디자인** 이 지 훈
◦ **표지디자인** 김 소 연

◦ **주 소** 서울시 중구 다산로11길 19(신당동 355-8) 백석빌딩 신관 4층
◦ **전 화** 02)2231-7293
◦ **팩 스** 02)2235-5344
◦ **홈페이지** www.elabor.co.kr
◦ **출판등록** 80.6.21 제2-66호

◦ **I S B N** 978-89-7017-536-2 (93330)
◦ **정 가** 25,000원

상사도 궁금해하는 —

보고서 레볼루션

김 달 원 지음

중앙경제

프롤로그

"보고서를 잘 쓰려면 어떻게 하면 될까요?"

"잘 쓴 보고서를 많이 보거나 자주 작성해 보는 게 좋습니다. 다만 전제조건이 있습니다. 보고서를 보는 눈이 있어야 합니다. 보는 눈, 즉 보고서의 논리 전개나 문장 구성의 숨은 규칙을 모르고 보고서를 많이 본다거나 보고서를 자주 작성한다고 해서 상황에 맞는 보고서 작성 능력이 쉽게 향상되지는 않습니다. 오히려 규칙을 모르니 매 순간 혼란스럽고 스트레스만 쌓이게 되는 거죠."

"잘 쓴 보고서라면 왜 그렇게 생각하는지, 잘못된 보고서라면 무엇이 잘못된 것인지를 스스로 납득시킬 수 있어야 학습 속도가 빨라지고 역량이 향상된다는 건 누구나 공감하는 사실이죠."

일선 담당자들을 만나거나 강의 중에 자주 듣는 질문이며 그에 대한 나의 답변이었다.

규칙을 알면 세상이 보인다!

누구나 아는 상식일 것이다. 보고서도 마찬가지다. 논리 전개, 문장 구성 등에 관한 규칙을 알아야 주체적으로 보고서를 작성할 수 있다. 현실은 어떠한가? 보고서 작성에 관한 규칙을 몰라 방황하고 힘들어하며 남이 쓴 보고문서를 갖고 와 내용을 지우고 채우기 급급하다. 그 결과 작성자 스스로가 중언부언을 직감하며 누락된 내용은 없는지 매번 불안해한다.

매일의 업무가 구두로 진행되는 것 같으나 대부분 보고서나 문서를 동반하게 된다. 그래서 실무자들은 관련 보고서나 문서를 작성하느라 많은 시간을 할애하고 있다. 그것도 시간이 부족하여 초과근무를 하면서 말이다. 솔직히 개인차가 있을 것이니 시간이 부족한지 역량이 부족한지는 스스로 생각해야 봐야 한다. 일을 하느라 시간이 부족해야 하는데 보고서 작성하느라 일할 시간이 부족한 어처구니없는 상황이 발생하기도 한다.

현장에서 만난 실무자들의 볼멘소리는 이를 뒷받침해 준다.

"일 처리는 자신 있는데 보고서는 매번 힘들어요."

"상사들은 '좀 세련되게 작성해 봐!'라고 하는데 무슨 말인지 모르겠어요."

"애써 작성하여 기안을 올리면 성의가 없다고 하네요. 무엇이 문제인지 잘 모르겠어요."

"열심히 적었는데 읽어보기는커녕 '요점만 말해봐!'라고 해요."

"요즘은 1장짜리 요약 보고서를 요청하는 경우도 많아요."

"상사에 따라 그때그때 피드백이 달라 힘들어요. 저도 모르니 끌려갈 수밖에 없어요."

"목적, 기대효과, 배경, 현상, 문제점… 용어 차이를 잘 모르겠어요."

"보고서에 따라 논리 전개 하는 요령도 있나요?"

"문장을 잘 표현하는 방법을 알고 싶어요."

"퇴근하는 지하철에서도 보고서의 내용을 어떻게 구성해야 할지 자꾸 떠오릅니다."

조직을 이끄는 부서장들은 어떠한 입장일까?

"요즘 부서장들은 보고서 작성 능력이 떨어지는 직원을 기피하는 분위기예요. 보고서를 잘 쓰는 실무자가 있으면 부서장은 엄청 편하거든요. 완성도 높은 보고서를 마무리해 온다면 더할 나위 없으나 적어도 지시사항에 대한 초안이라도 잡아 온다면 상사들이 아이디어를 더해 신속히 마무리할 수 있기 때문이죠. 그리고 보고서 작성을 잘한다는 것은 일의 맥락을 잘 파악하고 있다는 증거지요."

후배들을 챙겨야 할 선배들의 입장도 여유롭지 않다. 보고서 작성 능력을 돕고 싶으나 무엇이 잘못되었는지 어떻게 수정 보완해야 하는지를 세밀하게 지도하기엔 역부족인 현실이다.

"후배 코칭요? 언감생심이죠."

"과거에는 보고서 작성 방법에 대한 체계적인 교육이 없었기 때문에 솔직히 선배들도 규칙과 요령을 잘 모르는 거죠."

"사실은 선배인 우리도 보고서 작성 관련하여 체계적인 교육을 받고 싶어요."

이상의 내용은 조직에서 보고서 작성이 얼마나 중요한지, 어떤 부분을 힘들어하는지, 왜 보고서 관련한 교육과 참고도서가 필요한지를 명확히 지적해 준다. 이 책을 출간하게 된 배경과도 밀접하다.

최근 공공조직에서 보고서 혁신의 바람이 불고 있다. 양을 추구하는 보고서가 아니라 이해하기 쉽고 핵심을 담은 보고서를 작성할 수 있도록 노력하라는 것이다. 보고서 작성 역량은 승진심사에도 반영되고 있다.

이 책은 이러한 현장 고민을 해결하는 데 보탬이 되고자 출간하였다. 출간의 가장 큰 원동력은 나와 함께 해 준 교육생들이자 직장인들이다. 매년 약 3,000명 이상의 직원들을 만나 강의와 코칭을 하면서 그들의 갈증을 채우고 있다. 어느 날 "혹시 강의 내용을 담은 책을 서점에 가면 구입할 수 있을까요? 이렇게 구체적인 설명과 사례를 담은 도서는 못 본 것 같아서요."라는 질문을 받았다. 이 질문은 지식공유에 대한 책임감을 자극하였고 집필에 큰 힘이 되었다.

이러한 사명감으로 2015년 '보고서의 정석'을 출간하였으며 현장 요구사항을 충분히 보강하고 다양한 사례를 추가하여 2023년 새롭게 탄생하였다.

이 책의 제목은 보고서 레볼루션(revolution, 혁명)이다. 독자들은 이 책을 통해 기존의 것과 전혀 다른 새로운 보고서 작성법에 경험하게 될 것임을 감히 말할 수 있기에 레볼루션이라 하였다.

이 책은 어떤 사람들이 보면 좋을까? 다음과 같은 사람들에게 이 책을 권하고 싶다.

첫째. 보고서 및 문서작성에 관한 교육을 제대로 받아 본 적이 없는 직장인들!

보고서, 기안문, 보도자료 등의 문서에는 나름의 규칙이 있다. 일반 글쓰기와는 여러 가지 측면에서 다르다. 업무나 사업의 성격에 따라 논리 전개 및 구성을 달리할 수 있어야 한다. 교육이 부족했던 직장인에게 그 숨은 규칙을 전하고자 한다.

둘째. 상사로부터 부정적인 피드백을 받는 직장인들!

"두서가 없어~!" "눈에 안 들어와…" "핵심이 뭐야?" "정성이 느껴지질 않아!"와 같은 말을 상사로부터 종종 듣는다면 한 번쯤 고민해 봐야 한다. 이 책을 통해 상사로부터 인정받는 멋진 문서를 작성할 수 있길 기대한다.

셋째. 역량평가 승진심사를 앞둔 응시자!

최근 보고서 작성 역량을 승진평가에 반영하는 공공조직이 늘고 있다. 역량평가를 준비하는 일부 직원들은 평가에서 요구하는 보고서가 어떤 보고서를 의미하는지조차 파악하기 힘들어하거나, 담아야 할 내용 범위를 결정하지 못해 고민이 이만저만 아니다. 공적인 문제에 대한 대책이나 방안을 담은 (정책)기획서, 업무 추진력(성과지향)과 관계된 업무추진계획서 등등에 대한 작성 요령을 이 책을 통해 쉽게 파악할 수 있다.

조직 내 문서는 사람이 사람에게 어떤 내용을 전달하는 것이다. 따라서 인간의 지각 및 인지적 특성에 기초하여 설명될 때 '왜 그렇게 작성해야 하는지'에 관한 깊은 이해가 가능하다. 본질적인 이유도 모른 채 막연한 개념과 양식·구조를 보는 것만으로는 독자의 역량 개발에 크게 도움되지 않기 때문이다.

이 책에서는 보고서의 논리 전개, 유목화, 문장 구성 방법 등에 대해 설명할 때 인지심리학이 등장하고 있다. 독자들의 깊숙한 이해와 통찰에 크게 도움이 될 것이다. 또한 문서는 이론이 아니라 스킬이다. 불필요한 개념 설명을 최소화하고 사례를 통해 숨은 규칙을 전달하고자 하였다.

보고문서 작성에는 규칙이 숨어있다!

주체적인 보고서 작성의 마중물이 되길 바라며, 개개인의 역량이 쌓여 조직의 역량으로 거듭나는 모습을 상상해 본다.

역삼동 역량개발연구소에서 김 달 원

※) 이 책에서는 '수요자'와 '독자(Reader)'가 같은 의미로 사용됩니다.

목 차

제1장

생각의 틀을 재정립하자

제2장

무엇이 문제인가?

목 차

목 차

제6장

보고서 유형별 작성 노하우2

(단위 업무·사업 계획보고서, 경과보고서, 결과보고서)

제7장

보고서 유형별 작성 노하우3

(대책·방안 보고서 : 기획력, 문제해결, 성과개선)

제8장

보고서 유형별 작성 노하우4

(One 페이지, 연간 사업계획, 보도자료)

Revolution in Writing Communication!

Contents

제 1 장

생각의 틀을 재정립하자

"작성자 관점이 아니라 수요자(독자) 관점에서 작성하라. 이는 핵심을 담은 보고서의 출발점이다."

- 김 달 원(Ph. D.) -

조직 내 Writing Communication, 왜 중요한가?

> 일을 하기 위해서 우리 모두는 수많은 문서를 읽어야 합니다. (그런데) 거의 대부분의 문서가 지나치게 깁니다. 이건 시간낭비입니다. 간단명료한 문단으로 핵심 포인트를 잘 전달하는 보고서를 만들자는 것입니다. 만약 보고서가 복잡한 요소들에 관한 심층적 분석 또는 통계에 기반하고 있다면, 이들은 첨부물(Appendix)로 가야합니다. 시간을 절약하는 것은 매우 중요한 일이며 핵심 포인트를 간결하게 작성하는 원칙은 사고를 한층 명료하게 하는데 분명히 도움이 될 것입니다.
>
> **- 윈스턴 처칠 -**

아마 오늘 이 시간에도 많은 담당자가 문서를 작성하느라 시간을 보내고 있을 것이다. 특히 공공조직의 업무는 문서로 시작하고 문서로 마무리된다고 할 만큼 많은 문서를 작성하고 있다. 업무나 사업을 추진하기 위해서 관련근거를 토대로 기안문과 계획보고서를 작성하여 보고한다. 그 계획서가 또 다른 근거가 되기도 한다. 결재가 나면 시행공문을 작성하여 관계자에게 사업 시행을 알리거나 협조를 구하기도 한다. 게다가 공공조직은 자체적으로 사업을 수행하기보다는 민간 전문가에게 용역이나 자문을 받아 진행되는 경우가 많기에 공고문을 작성하고 선정된 업체와 계약서를 작성하기도 한다. 이러한 정책이나 사업내용, 실적, 이벤트 등은 보도자료를 통해 일반 시민에게 알려지게 된다.

기관장이나 관리자들은 챙겨야 할 안건이 많고 회의나 행사 참여 등으로 하루하루 바쁜 일정을 보내고 있다. 그 바쁜 일정 속에서도 어떤 사업을 왜 진행해야 하는지, 어떻게 진행할 것인지, 어떻게 진행되고 있는지 신속하고 정확히 내용을 파악하고 의사결정을 내려야 한다. 이들을 보좌하는 실무부서의 보고서 작성은 많아질 수밖에 없으며, 보고서가 많아지다 보니 읽고 내용을 파악하거나 의사결정을 해야 하는 책임자들은 보다 간결하고 이해하기 쉬운 보고서 작성능력을 더욱 강조하는 분위기다.

이렇듯 공공조직은 업무수행 과정에서 다양한 문서를 필요로 하기에 소속된 직원이라면 누구나가 공문서와 보고서가 어떻게 작성되어야 하는지를 기본적으로 알고 실무에 적용할 수 있어야 함은 당연하다.

많은 공공조직에서 승진자질 판단을 위한 역량평가 요소로 보고서 작성능력을 선택하고 있다.

최근 많은 공공조직에서 승진자질을 판단하기 위해 직급에 필요한 핵심역량을 평가하고 있으며, 그중에는 기획력 및 업무추진력과 관계된 보고서 작성역량이 꾸준히 다뤄지고 있다. 이 또한 공공조직에서 보고서 작성능력이 얼마나 중요한지를 실감하게 해 준다.

첫째, 조직 내 의사소통의 핵심 수단이다.

조직은 공동의 목표를 달성하기 위해 다양한 의사소통을 필요로 한다. 의견을 모으고 제안하고 상황을 전달하고 결과를 공유하는 등의 다양한 소통이 진행되고 있다. 이러한 소통은 구두로 진행되는 듯하지만, 대부분은 문서를 동반하게 된다. 따라서 이메일, 기안문, 협조문, 보고서 등을 어떻게 작성하느냐에 따라 조직 효율성(의사결정, 업무성과, 협조 등)은 달라질 것이다.

둘째, Writing Communication 능력이 곧 업무능력이다.

문서는 어떤 상황이나 내용 그리고 계획과 결과 등에 대해 사실적 내용과 자신의 생각을 상대방에게 논리적으로 전달하는 것이다. 문서를 보면 업무에 대한 이해정도와 생각의 깊이를 알 수 있다. 어떤 생각을 가지고 얼마나 깊이 있게 분석했고, 어떻게 진행할 것이며, 어떻게 진행했다는 것인지를 문서를 통해 알 수 있기 때문에 문서는 작성자의 업무능력을 평가하는 중요한 잣대가 된다.

셋째, 직장생활의 질을 결정하는 핵심요소다.

문서작성 시간이 부족하여 초과근무를 하고 있고 현장에 갈 시간이 없고 다른 업무를 할 여유가 없다. 문서를 기다리다 지친 상사, 잘못된 문서를 보고 답답해 하며 수정하는 과정에서 상하 간 갈등과 불신이 쌓이기도 한다. 반대로 문서작성 능력이 뛰어난 자는 업무효율이 높고 상사와의 높은 신뢰 관계로 조직을 빛나게 한다. 스스로는 업무에 대한 자긍심이 높아지고 시간적 여유가 많아 일과 삶의 균형도 함께 누릴 수 있을 것이다.

누구나 바쁜 직장인들, 수요자 관점에서 핵심내용 위주로 이해하기 쉽게 문서를 작성하는 능력은 조직에서 요구하는 필수 역량이다.

Key Lesson Point

- 대부분의 업무는 문서를 동반하므로 문서작성 능력은 업무수행의 필수요건이다.
- 공공조직에 소속된 직원이라면 공문서와 보고서가 어떻게 작성되어야 하는지를 알아야 한다.

문서와 보고서의 차이

직장인들을 만나 자주 받았던 질문 중의 하나다.

"어떤 경우엔 문서라고 말하고, 어떤 경우엔 보고서라고 말을 하더라구요. 같은 내용이더라도 사람마다 다르게 표현하기도 하구요. 문서와 보고서는 어떤 차이가 있을까요?"

공공조직에서 담당자들이 문서를 작성할 때 어떤 경우엔 문서를 작성한다고 말하고, 어떤 경우는 보고서를 작성한다고 표현한다. 구분이 모호한 것도 있겠으나 용어의 차이점을 이해한다면 조직 내 의사소통뿐만 아니라 업무수행에서도 도움이 될 것이다. 문서와 보고서의 차이점은 무엇일까?

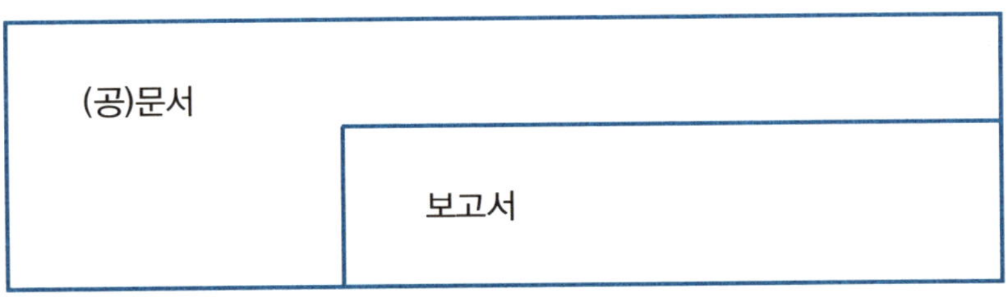

「행정 효율과 협업 촉진에 관한 규정」에서는 '공문서란, 행정기관에서 공무상 작성하거나 시행하는 문서(도면, 사진, 디스크, 테이프, 필름, 슬라이드, 전자문서 등의 특수매체기록을 포함한다.)와 행정기관이 접수한 모든 문서를 말한다.'라고 정의되어 있다. 쉽게 말하자면, 공공조직에서 공적인 업무로 작성

하거나 접수한 모든 문서는 공문서로 볼 수 있다. 민원문서, 공고문, 일반 기안문, 시행문, 질의서, 답변서, 개정안, 법조문(조례), 보도자료, 해명자료, 계약서, 사업계획서, 현안보고서, 상황보고서, 방안보고서, 계획보고서, 경과보고서, 결과보고서 등이 대표적인 공문서다. 그 중에서도 일반 기안문, 개정안, 그리고 사업계획서부터 결과보고서까지와 같이 상사나 관계자에게 보고를 목적으로 정리하여 적은 모든 글이나 문서는 보고서로 볼 수 있다. 따라서 보고서 보다 문서의 범위가 더 넓은 것으로 이해하면 된다.

보고서는 특정 사안에 대한 현황이나 의사결정사항, 결과를 담아 상사나 관계기관에게 전달 혹은 제안하기 위해 작성한 문서를 말한다. 업무 사이클 *Plan-Do-See*과 맥을 같이하는 경우가 많으며, 업무를 수행하기 전에 계획을 담아 말씀드리는 계획서가 공공조직의 대표적인 보고서라 할 수 있다. 이와 관련하여 결재를 위해 작성하는 기안문과 내부결재 후 업무의 실행을 위해 외부로 나가는 시행문도 넓은 의미에서 보고서에 포함된다. 장기간 진행되는 업무의 경우는 실무담당자나 직속 상사뿐만 아니라 기관장까지도 일이 어떻게 진행되고 있는지 모니터링하고 관리해야 할 책무가 있기에 실무담당자는 중간중간 그동안의 노력과 성과를 담아 말씀드리는 것은 매우 중요하다. 이때 작성하는 보고서를 경과보고서라 부른다. 그리고 업무가 완료되어 결과나 성과를 담아 상사에게 보고하는 문서를 결과 혹은 성과보고서라 한다. 또한, 국가나 지역, 시민사회를 위협하는 긴급사태가 발생하여 그 내용과 대처 상황을 신속히 보고드리는 상황보고서, 사회문제 해결을 위한 대책 혹은 방안보고서도 공공조직의 대표적인 보고서라 할 수 있다.

한편, 계약서와 같은 일부 문서의 경우는 이미 양식이나 틀을 갖추고 있어

내용만 채우면 되는 경우가 많다. 그러나 기안문과 시행문의 경우만 하더라도 작성능력에 따라 전달력의 차이가 크므로 작성기법에 관한 관심이 요구된다. 특히 보고서는 그 복잡성과 다양성이 훨씬 크므로 작성자들이 어려움을 많이 호소하고 있다. 수요자 관점에서 얼개를 만들고 이해하기 쉽게 내용은 채우는 능력은 매우 중요하다.

이 책에서는 기안문을 포함한 다양한 유형의 보고서 작성을 위해 알아야 할 숨은 원칙을 중점적으로 다루며, 마지막으로 시민과의 소통을 위한 보도자료 작성법을 공유하고자 한다.

작성자가 아니라
독자(수요자) 관점으로 전환하라

언젠가 내가 지인에게 전화를 걸었을 때의 일이다. 전화벨이 울리고 상대방의 목소리가 들려왔다 "여보세요?" 누군지 알고 반갑게 받을 거라 생각했던 나의 기대는 착각이었다. 상대방의 목소리에서 '당신의 전화가 반갑지 않네요. 별로 통화하고 싶지 않네요.'라는 느낌이 전해왔다. 순간 서운한 감정이 몰아쳤고 거리감이 느껴졌다. 그는 왜 그리 대답했을까? 다음날 회의시간에 만나서 서운했던 마음을 전했더니 '그랬구나, 고의적으로 그런 건 아니지만 미안하게 됐네. 심각한 이슈가 있어서 심란한 상황에서 전화를 받아서 그랬나 봐. 이해해 주시게~'라고 했다.

그렇다. 일반적인 의사소통에서 '내가 저 인간을 화나게 해야지'라는 생각으로 말을 건네는 화자는 드물다. 주어진 상황에 충실하면서 말을 건넸을 뿐인데 청자가 서운함을 느꼈던 것이다. 이게 바로 일반적인 소통의 특징이다. 발신자의 의도가 없었더라도 수신자가 그렇게 느꼈다면 그렇게 말을 한 것이다.

문서는 소통의 수단이다.

조직 내 문서 커뮤니케이션*Writing Communication*의 특성을 이해하려면 면대 면*Face to Face* 커뮤니케이션의 특성에 대해 먼저 리뷰해 볼 필요성이 있다. 앞으로 전개될 보고서 작성요령을 이해하는데 도움이 될 것이다.

미국 UCLA 대학의 앨버트 메라비언*Albert Mehrabian* 박사에 의하면 소통은 언어 7%, 음성 38%, 표정과 몸짓 55%로 이루어진다고 했다. 즉 말하는 사람은 7%를 생각하지만 듣는 사람은 나머지 93%를 더해서 판단한다는 의미다. 앨버트 박사의 이론을 인용하면 말하는 사람이 '아무리 그런 의도가 없었다'라고 하더라도 듣는 사람이 '부정적인 느낌을 받았어. 그런 의도가 전달되지 않았어'라고 한다면 그렇게 의사소통을 한 것이다. 의사소통은 화자가 판단하는 게 아니라 청자가 판단한다는 사실을 잊지 말아야 한다.

의사소통의 품질은 화자나 작성자가 판단하는 게 아니라, 청자나 독자가 판단하는 것이다!

기안문이나 시행문, 협조문, 보고서도 마찬가지일 것이다. 작성자*Writer*가 판단하는 게 아니라 수요자*Reader*가 판단하는 것임을 명심해야 한다. 작성자가 아무리 논리적으로 이해하기 쉽게 작성했다 하더라도 수요자가 "왜 이렇게 두서가 없어! 복잡하잖아! 뭐가 어찌됐다는 거야!"라고 말했다면, 수요자 관점이 아니라 작성자 관점에서 두서없이 복잡하고 주장도 없는 보고서를 작성한 것이다. 따라서 '이번 문서에서 수요자의 궁금사항은 무엇일까? 그 궁금사항의 순서는 어떻게 될까? 수요자가 원하는 문장구성은 어떠한 모습일까?'를 생각하는 것은 외부 공문이나 보고서 작성자의 습관이자 스킬이 되어야 함을 짐작할 수 있다.

❙ 관점전환의 4가지 핵심요소 ❙

① 최종 수요자가 누구인지를 판단하고 그들의 궁금사항을 생각하는 습관을 길러야 한다.

② 수요자의 맥락으로 논리적 흐름을 전개해야 한다.

③ 수요자의 궁금사항에 답을 하듯 문장을 채워나가야 한다.

④ 수요자가 선택적으로 볼 수 있도록 목차와 문장을 구성해야 한다.

Key Lesson Point

- 공문서나 보고서의 품질은 작성자가 아니라 수요자가 판단한다.
- 수요자 관점(궁금사항, 맥락, 문장표현)에서 생각하는 습관이 중요하다.

조직 내 소통은 목적 지향적이다

조직 내에서 활용하는 소통의 수단과 방법은 어떤 것들이 있는가? 회의, 워크숍, 세미나, 교육, 이메일, 게시판, 보고서 등 다양하게 있을 것이다. 예를 들어, 회의를 하는 목적을 나열한다면 어떤 것들이 있을까? 의견수렴, 해결안 모색, 정보공유 외에도 많이 있을 것이다. 보고를 하는 목적은 무엇일까? 정보공유, 의견제안, 의견수렴, 의사결정, 지시사항 이행 결과공유 등이 있을 수 있다. 이처럼 조직 소통은 매우 목적지향적임을 알아야 한다.

목적을 육하원칙 관점에서 본다면 'Why'이다. Why는 명확한 소통의 출발점이자 일에 대한 취지를 이해하고 책임감을 갖게 하는 중요한 요소임을 알아야 한다. 기안문이나 보고서도 마찬가지다. Why는 문서작성의 출발점이기에 명확히 기술하여 일반 독자나 상사가 Why에 대해 정확히 이해할 수 있도록 작성해야 한다.

Why는 두 가지 관점에서 정리될 수 있다.

1. 업무나 사업의 취지가 명확해야 한다.

모든 일은 취지가 있기 마련이다. 일이란 취지에 맞게 하는 게 원칙이자 기본이다. 따라서 기안문이나 보고서를 작성할 때에는 업무의 취지를 이해하기 쉽고 명확하게 제시해야 한다. 독자(상사, 협조자 등)의 우선적 궁금사항이기도 하다. 업무의 취지나 당위성을 언급할 때에는 주로 근거, 목적, 배경, 기대효과 등으로 Why요소를 전달하고 있다.

"~~을 통한 이용자들의 편의성 제고"
"~~수립으로 제도의 통합적 운영 · 관리"
"~~을 위한 선제적 대응방안 구축"

또한, Why는 업무의 시작이자 끝이라 할 수 있다. 여기서 '끝'이란 업무가 종료되면 성과평가를 통해 업무의 성공 여부를 판단해야 하는데 취지에 따라 성과평가 영역이나 항목이 결정된다는 의미다. 이처럼 취지는 업무성과를 결정하는 중요한 요인이므로 업무 취지를 모르면 진행하지 말아야 한다. 취지를 모르고 진행하게 되면 취지에 맞게 진행하는 게 아니라 자신이 익숙한 방식이나 전임자가 했던 방식으로 진행해 버리기 때문이다. 기본적으로 업무란 내가 아는 방법대로 하는 게 아니라 취지에 맞게 추진하는 것임을 항상 명심해야 한다. 특히 현재 부서에서 신규업무를 추진해야 하거나, 주기적으로 해오던 업무지만 업무 상황이 바뀌거나, 부서 이동으로 새로운 업무를 맡게 되었을 때 업무 취지를 먼저 파악하는 것은 담당자로서 매우 중요한 습관이자 의무다.

2. 전달의 목적과 취지가 명확해야 한다.

'이 보고서를 왜 읽어야 하는지?' 독자는 궁금하다. 정보공유 차원인지, 의사결정을 해 달라는 건지, 지시사항인지, 협조 요청을 위한 것인지를 명확히 해야 한다.

Key Lesson Point

- 취지를 모르면 일을 하지 말아야 하듯, 취지를 명확히 하고 기안문이나 보고서를 작성해야 한다.
- Why는 일의 취지를 알게 하고 책임감을 자극하는 중요한 출발점이다.

효율성과 효과성을 동시에 추구해야 한다

업무 관련 대화를 하다 보면 전달력이 뛰어난 사람들이 종종 눈에 띈다. 그들이 많은 말을 해서 전달력이 뛰어난 건 아니다. 전달력이 뛰어난 사람은 많은 말을 하지 않는다. 두서없이 이것저것 이야기하기보다는 논리정연하고 주장이 명확하다. 반대로 소통력이 부족한 사람들은 두서가 없어 내용이 많아 보이며 무엇을 전달하고자 하는지 이해하기 어렵다.

보고서도 마찬가지다. 우수한 작성자는 많은 내용을 담으려 하기보다는 수요자(상사, 협조자 등)가 누구인지 생각하고 그들의 관점에서 핵심을 담아 내용을 쉽게 파악할 수 있도록 작성하고 있다. 핵심만 담았기에 작성자도 짧은 시간에 좋은 보고서를 작성할 수 있으며 독자도 핵심내용을 빨리 파악할 수 있을 것이다. 이처럼 보고서를 잘 작성한다는 것은 내용전달의 효과성뿐만 아니라 작성자의 효율성을 동시에 추구할 수 있음을 의미한다.

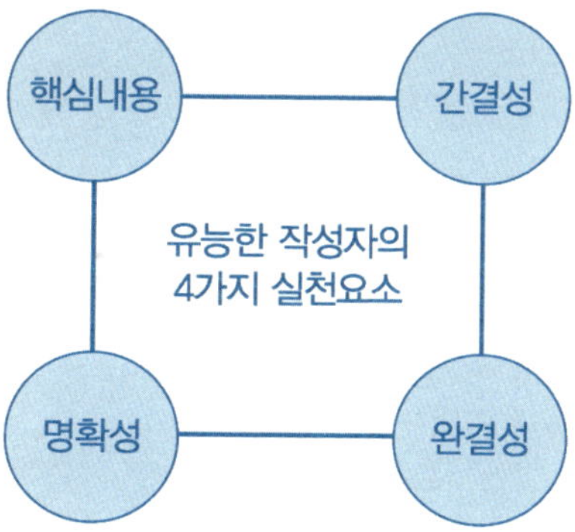

첫째, 핵심내용만 담을 수 있도록 노력해야 한다.

보고서는 작성자가 보기 위해 작성하는 게 아니라 수요자를 위해 작성하는 것이다. 작성자가 하고 싶은 말이 아니라 수요자가 알고 싶은 내용을 담을 수 있어야 한다. 이를 위해 최종 수요자가 누구인지를 생각하고 그들의 궁금사항 *Key Questions*을 도출하고 이를 목차나 문장으로 구성하여 답을 해나가듯 작성할 수 있어야 한다. 이게 바로 핵심을 담은 보고서의 출발점이자 구상력이다.

둘째, 간결성을 추구해야 한다.

문장은 1~2줄의 단문으로 기술되어야 한다. 문장에는 군더더기가 없어야 하고 중복어나 중복의미도 제거해야 한다. 수식어를 절제하고 대신 기호를 활용하여 한눈에 들어오게 표현할 수 있어야 한다. 그리고 부연 설명 혹은 참고자료일 경우에는 글자체의 종류와 크기는 어떻게 조절해야 하는지를 상황에 맞게 적용할 수 있어야 한다.

셋째, 명확성을 추구해야 한다.

보고서를 보면 무엇을 주장하고자 하는지, 무엇을 어떻게 하겠다는 것인지가 명확히 전달되어야 한다. 명확한 메시지를 전달하기 위해서는 두괄식과 미괄식, 양괄식을 상황에 따라 적절히 활용하면 도움이 된다. 또한, 명확성은 내용의 구체성과도 관련이 있다. 메시지만 있고 이를 뒷받침할 만한 구체적인 자료가 미흡하다면 수요자는 작성자의 의도를 명확히 이해하기 힘들 것이다. 보고서가 구체적이다는 것은 업무과제와 관계된 실태, 관련 법규 등을 제대로 파악하고 있음을 반증한다.

넷째, 완결성을 추구해야 한다.

아무리 핵심을 담고자 했고 간결하게 표현하더라도 수요자의 궁금사항을 채우지 못했다면 좋은 문서라 할 수 없다. 즉 추가 자료를 요청하거나 작성자를 불러 확인해야 한다면 완결성과 거리가 먼 것이다. 특히 보고서의 경우는 현재 의사결정권자뿐만 아니라 관계자가 보더라도 논리적 맥락과 내용의 구체성이 갖춰져야 한다. 핵심내용은 아니지만 일부 수요자가 업무내용을 이해하고 수행하는데 참고가 될 만한 자료는 첨부*Appendix*를 활용할 수 있어야 한다. 이 또한 완결성과 밀접한 관련이 있다.

Revolution in Writing Communication!

Contents

제 2 장

무엇이 문제인가?

"보고문서는 의사소통의 수단이기에 시작이 있고 끝이 있어야 한다.
따라서 서론-본론-결론과 같은 맥락적 흐름으로 구성되어야 한다."

- 김 달 원(Ph. D.) -

수요자의 불만은 다양하다

한눈에 봐도 이해하기 쉽고 전달하고자 하는 메시지가 명확한 보고서는 원활한 의사소통을 도우며 고성과 창출의 밑바탕이 된다. 반대로 정성이 느껴지지 않아 읽고 싶지 않거나 읽어도 무엇을 말하고자 하는지 이해하기 힘든 문서는 상사의 의사결정을 힘들게 하고 업무 효율성과 효과성을 저해하기 때문에 수요자들의 불만도 다양하다.

보고문서의 수요자는 다양하다. 사업이나 정책보고서의 경우는 의사결정권자가 보고서의 최종 수요자일 것이다. 시행문(공고문, 협조문, 안내문 등)의 경우는 결재자인 상사와 수신자인 조직 내 구성원이나 관계기관이 될 수 있다. 일반 기안문의 경우도 중간 검토자가 있긴 하지만 최종 의사결정권자가 보고문서의 최종 수요자로 봐야 한다. 이렇게 수요자들이 다양한 만큼 기안문이나 보고서에 대한 불만이나 요구사항도 다양하다. 그중에서도 대표적인 요구사항이 '수요자 관점에서 작성하라'일 것이다. 이유는 간단하다. 논리나 완결성, 가독성 등등에 대한 모든 판단은 수요자의 몫이기 때문이다.

"목적과 취지가 명확하지 않다. 무엇을 위해 글을 썼는지 모를 정도다."

"최종 수요자가 누구인지, 그들의 관심 사항은 무엇인지를 생각하고 보고서를 작성했으면 좋겠다."

"실무적 관점이 아니라 수요자인 의사결정권자 관점에서 작성해야 한다."

"무슨 말을 하고 싶은지 한 눈에 들어오지 않는다."

"내용만 채우지 말고 주장이나 의견 · 시사점 · 결론 등을 명확히 제시하라."

"표현이 모호하다. 구체적으로 뭘 하겠다는 건지 알 수 없는 문서가 있다."

"말과 글은 흐름이 있기 마련이다. 두서없이 쓰지 마라."

"형식을 갖추고 표기법에 맞게 작성하라."

"군더더기가 너무 많다. 핵심만 담으라고 몇 번을 말해도 안 된다."

"보고서가 잘못되면 어떤 문제가 있을지, 그 가치를 생각하고 작성하라."

"복잡한 글은 눈에 들어오지 않는다. 간결하고 쉽게 작성하라."

"중언부언하지 마라. 성의가 없어 보인다."

"정성을 담아야 한다. 내용과 문장에서 정성이 느껴져야 한다."

"내용이 많으면 숨이 막힌다. 핵심내용 위주로 보고하라."

기존 보고서를 수정하면 되는 거 아닌가요?

"김주임! 재작년부터 진행 중인 직원 제안제도를 올해도 운영할 계획입니다. 이번 보고서는 김주임이 맡아서 작성해 주세요. 제안제도는 직원들이 조직 운영에 직접적으로 참여하고 소통할 수 있는 기회며 불합리한 제도와 일하는 방식을 개선해 나가는 조직혁신 방법이기도 합니다. 제안실적이 기대치에 미치지 못하고 있으니 문제점을 확인하고 활성화 방안도 고민해 주세요. 이번 달 말까지는 본부장님께 보고를 드려야 하니 다음 주 수요일까지는 초안을 작성해서 나랑 먼저 검토해 보도록 합시다!"

이 상황에서 많은 작성자들은 비슷한 움직임을 보인다. 우선 전임자나 동료가 작성한 관련 보고서를 찾는다. 그리고 내용을 지우고 기존 목차에 내용을 채워나간다. 심지어는 숫자나 일부 용어만 수정하는 모습도 볼 수 있다.

물론 기존 보고서를 참고하여 자신의 보고서를 작성하는 건 좋은 습관이다. 하지만, 목차 흐름을 그대로 따라 하는 건 위험한 방법이다. 담아야 할 내용이 누락 되거나 여기저기 비슷한 내용으로 중언부언하는 경우가 발생하기 때문이다. 더군다나 사회환경이 급변하면서 기존에 수행하지 않았던 업무나 사업과제를 새롭게 수행해야 하는 경우가 많아 기존 보고서와는 전혀 다른 주제로 보고서를 작성해야 하는 경우가 많아지고 있다. 주체적인 보고서 작성능력이 필요하다는 것을 시사한다.

남이 쓴 보고서를 무작정 따라 하다 보면 여기저기 중언부언하거나 중요한 내용이 누락될 수 있다. 이는 주체적인 보고서 작성능력이 필요함을 시사한다.

김주임은 '상황보고서'를 작성해야 할까 '업무 추진계획서'를 작성해야 하는 걸까 '개선방안 보고서' 혹은 '개선방안 및 추진계획서'를 작성해야 하는 걸까? 아니면 조사보고서, 검토보고서, 현안보고서를 작성해야 할까? 이 부분이 결정되지 않고 타인이 쓴 보고서를 무작정 선정하고 활용한다는 것은 무모한 도전이다.

왜 이런 문제가 발생하는가?

첫째, 작성해야 할 보고서 유형이 무엇인지, 그에 따른 보고서의 핵심 목차와 내용이 어떻게 구성되어야 하는지를 잘 모르기 때문이다. 이 문제는 보고서 유형을 구분하는 기준을 알면 해결될 수 있다.

둘째, 보고서란 수요자의 궁금사항을 끌어내고 그 궁금사항에 답변을 해나가는 것이다. 이 기본원칙이 습관화되지 않았기 때문에 타인이 쓴 보고서에 의존하는 습관이 형성된 것이다. 이 문제를 해결하기 위해서는 주제나 제목을 활용하여 독자의 궁금사항을 끌어내고 논리적 흐름을 구성하는 방법을 알아야 한다.

셋째, 보고서와 관계된 업무맥락을 모르거나 작성에 필요한 상황정보나 아이디어가 없으면 주체적으로 작성할 수 없게 된다. 예를 들어 사업추진계획서를 작성하려면 추진의 근거가 무엇인지, 어떤 절차와 방법으로 진행되고 이해관계자가 누구인지 각자의 역할은 무엇인지, 관련 준비사항은 무엇인지, 장애 요인과 대처방안은 무엇인지, 예산과목은 무엇인지 등을 알아야 스스로 내용을 채울 수 있다. 경과보고서나 결과보고서, 상황보고서도 마찬가지다. 타인이 쓴 보고서는 그 당시의 상황이나 실태를 구체적으로 파악하여 작성했기 때문에 현 상황과는 많은 차이가 있음을 잊지 말아야 한다.

단순히 따라간 길은 여러 번 갔었어도 잘 기억나지 않는다. 하지만, 혼자서 찾아간 길은 오랫동안 기억난다. 특히 한 번이 아니라 여러 번 혼자 가보게 되면 거의 완벽하게 기억날 것이다. 이는 단순히 본 게 아니라, 깊이 관찰한 내용을 자신의 뇌로 맥락을 구성하여 체험하였기 때문이다. 게다가 반복하였기에 자신의 역량으로 거듭날 수밖에 없다.

보고서도 마찬가지다. 남이 작성해 둔 틀에다가 이유를 모르고 채우기 보다는 작성자 스스로 내용 범위를 결정하고 관련 정보나 자료를 수집하여 작성하는 습관이 필요하다.

Key Lesson Point

- 보고서는 기성복이 아니라 맞춤복이다.
- 주제나 사업명이 같다고 목차가 동일하게 전개되는 건 아니다.
- 작성자 스스로가 업무나 사업의 성격을 파악하고 보고서의 내용 범위를 결정할 수 있어야 한다.

제목과 내용이 일치하지 않는다

나성실씨는 우리나라를 대표하는 공공조직인 A기관에 근무하고 있다. A기관은 시민들의 안전과 일자리 지원이 최우선 사업이다. 이러한 사업성과도 중요하지만 시민들의 불편에 공감하고 함께 해결하려는 민원응대 스킬도 매우 강조되고 있다. 최근 추진사업이 증가하면서 민원응대 업무는 늘어나고 있는데 그 만족도가 떨어져 걱정이 이만저만 아니다.

담당 팀장은 나성실씨를 불러 업무를 지시한다.

"이번에 나성실씨가 우리 기관의 민원응대 수준을 어떻게 높일 것인지 멋지게 작성해서 보고해 주세요. 민원응대는 우리 기관의 이미지를 결정하고 시민들의 만족 수준을 결정하는 중요한 업무입니다. 게다가 윗분들의 관심사항인 점을 감안하여 보다 창의적이고 실효성 있는 아이디어를 담아 주세요."

성실씨는 팀장님의 기대에 부응하고자 보고서에 대해 고민하고 또 고민했다. 틈만 나면 관련 보고서를 살펴보았고 심지어는 선진기관 자료도 참고하였다.

"사업기간?… 민원응대 향상 활동은 언제부터 언제까지 진행할까?…"

"사업대상?… 대상 범위는 어떻게 정할까?…"

"사업내용?… 어떤 내용위주로 할까? …친절 민원응대 교육, 민원응대 매뉴얼 작성 및 배포…."

"소요예산?… 사업예산을 얼마로 잡을까? 예산과목은?."

팀장님의 기대에 부응하기 위해 퇴근시간이 지나도록 보고서 마무리에 박차를 가한다.

민원응대 향상방안

~~~~~~
~~~~~~하고자 함

□ 관련근거

□ 추진개요
 ○ 사업기간:
 ○ 사업대상:
 ○ 사업내용:

□ 소요예산

□ 기타 및 행정사항

다음 날 아침, 몸은 힘들었지만 우쭐한 마음으로 보고서를 팀장님께 올렸다. 보고서를 바라보던 팀장님은 기대했던 바와는 달리 표정이 심상치 않다.

"나성실씨! 내용을 보니 이건 추진계획서잖아. 민원응대 향상방안을 작성하라고 말했는데 말야. 이번 보고서에는 추진배경을 시작으로 현황과 문제점은 무엇인지, 이를 해결하기 위한 구체적인 방안을 담았어야지…"

"무작정 남이 쓴 보고서를 따라 쓰면 어떻게!"(허~허! 이 친구를…)

나성실씨도 나름대로 고민하고 쓴 보고서다. 그의 문제는 무엇인가?

한마디로 말하자면, 업무 특성에 따라 보고서 구성이 어떻게 되어야 하는지를 모른다는 것이다. 남이 쓴 보고서를 가져와 내용만 바꿔 작성한 것이다.

이렇게 보고서를 작성하게 되면, 논리적 흐름이나 목차가 보고서 주제에 맞지 않아 아예 구성이 다른 보고서를 작성하게 된다. 혹은 각 목차의 의미도 모른 채 내용을 채웠다면 여기저기 중언부언하거나 누락이 생겨 보고서의 완결성을 갖추기 어렵게 될 것이다. 나성실씨의 경우도, 방안보고서를 작성해야 하는데 사업추진계획서를 작성하였으니 누락된 부분이 있고 주제에 맞지 않으면서 구성이 전혀 다른 보고서를 작성한 것이다.

Key Lesson Point

- 제목을 보면 지시내용에 대한 이해 여부를 알 수 있다.
- 제목은 전체 내용의 함축적 표현이다.
- 업무를 제대로 이해해야 하며, 이에 적합한 제목과 내용범위를 결정할 수 있어야 한다.

선택적으로 보기 어렵다

독자들은 보고서를 볼 때 무엇을 먼저 볼까? 대체로 제목과 목차일 것이다. 제목을 보고 '무엇을 보고하고자 하는지'를 이해할 것이며, 목차를 보며 '무엇을 담았는지 흐름은 어떻게 되는지'를 알게 될 것이다.

흥미롭게도 독자들은 자신의 관심사항에 따라 특정 목차를 선택하여 읽는 경향이 있다. 어떤 경우는 목차를 보고 읽는 순서를 결정하기도 한다. 작성자는 이러한 독자 성향을 도울 수 있어야 한다. 그 해결책은 간단하다. 목차를 독자들이 이미 익숙한 용어로 제시하는 것이다. 모두가 익숙하기에 형식에 가깝다. 예를 들어, 배경, 추진근거, 개요, 세부추진계획. 소요예산, 기타 및 행정시항 등과 같이 주제와 무관한 일반석인 용어로 목차를 기술하는 습관이 필요하다.

또한, 글은 쉽게 써야 한다고 했다.

쉽게 쓰는 출발점이 바로 목차다. 목차는 비전문가가 봐도 무엇을 말하고자 하는지를 쉽게 이해할 수 있는 일반적인 용어로 표현하도록 노력해야 한다.

다음과 같이 보고서 목차를 작성했다면, 무엇이 문제일까?

○○○시 전통시장 활성화를 위한 추진계획

1. 전통시장 활성화 배경
2. 경제 규모 및 경제활동 현황
3. ○○○시 전통시장 현황
4. 전통시장 이용 저해 원인 등
5. 전통시장 활성화를 위한 추진 방안
6. 소요예산
7. 기대효과

목차에 군더더기가 지나치다. 무슨 말일까? 주제와 관계된 용어들이 목차에 지나치게 많이 묻어 논리적 흐름을 이해하기 어렵다. 비전문가일 경우 목차만 봐서는 보고서의 구조를 파악하기 어려울 것이다.

예를 들어, '추진배경-현황-문제점-활성화 방안/추진방향-세부추진계획-소요예산-기대효과'와 같이 목차를 작성하였다면 각 목차에서 무엇을 이야기하고자 하는지 비전문가도 알 수 있어 선택적으로 볼 수 있을 것이다.

Key Lesson Point

- 목차는 주제와 무관한 일반적인 용어로 표현해야 한다.
- 목차는 글을 쉽게 쓰는 출발점이다. 비전문가가 보더라도 무엇을 담았는지 알 수 있어야 한다.

당신이 하고 싶은 말이 아니라, 독자가 궁금해하는 내용을 담으란 말이야!

제목: 외국인 근로자 행사 계획

1. 행사 일시: 2025. 5. 8. 10:00~17:00

2. 행사 내용 및 일정
   ◦ 10:00 ~ 12:00 (과학탐구) 물 대포 만들기
   ◦ 13:00 ~ 15:00 (언어탐방) 스피드 퀴즈
   ◦ 15:00 ~ 17:00 (문화탐방) 전통문화 그리기

3. 소요예산
   ◦ 총 ○○○ 천

"팀장님, 외국인 근로자의 날 행사에 관한 계획서입니다. 당일에 행사를 진행할 계획이며, 세부내용과 시간계획을 말씀드리면……" 순간 팀장의 표정이 심상치 않다.

"김주임! 당신이 하고 싶은 말만 하지 말고 보고서 수요자가 무엇을 알고 싶어 하는지를 생각하고 작성했어야지! 윗사람들은 무엇이 궁금하겠어? 행사의 취지와 방향은 무엇인지? 참석 대상은 어디까지인지? 성공적 진행을 위한 누구에게 어떤 협조를 받아야 하는지?"

"……."

"보고서는 당신이 보기 위해 작성하는 게 아니잖아. 독자가 누구인지, 무엇을 궁금해 하는지를 생각 좀 하고 작성해!"

김주임은 서운한 마음이 몰려온다. 열심히 고민한 것에 대한 칭찬은 못 할망정 누락된 부분만 꼬집어 지적하는 팀장이 무심하기만 한 것이다.

김주임은 철저히 실무자 입장에서 보고서를 작성하였다. 실무자인 김주임은 행사를 멋지게 진행하기 위해 어떤 내용을 어떤 방식으로 진행할 것인지에 집중하는 건 당연하다. 하지만 내용과 진행방식이 결정되고 보고서를 작성할 때에는 작성자가 하고 싶은 말이 아니라 수요자의 궁금사항을 생각하고 답변하듯 글을 쓰는 습관이 필요하다. 작성자는 먼저 무엇을 하고자 하는지 제안하고(외국인 근로자의 날 행사를 진행하고자 합니다), 최종 수요자의 궁금사항을 파악하여(왜 진행하고자 하는가? 참가 대상 범위는? 등등) 보고서의 범위를 결정하는 습관을 길러야 한다. 문장을 채울 때도 마찬가지다. 수요자의 궁금사항에 답을 하듯 채워나간다면 이해하기 쉽고 완결성을 높일 수 있다.

혹시 추진배경은 업무지시를 하는 상사가 더 잘 알고 있기에 담을 필요가 없다고 생각하는가? 잘못된 생각이다. 상사의 지시내용을 토대로 보고서의 완결성을 추구해 나가는 게 작성자의 역할이기 때문이다.

Key Lesson Point

- 수요자 관점에서 그들의 궁금사항을 생각하고 완결성을 추구해야 한다.
- 내용을 채울 때도 궁금사항에 답을 하듯 글을 쓰는 습관을 길러야 한다.

당신이 방송 아나운서야!
방송만 하지 말고 메시지를 담으란 말이야!

점검업무 실태 보고

Ⅰ. 현황

◦ 분기별 점검업무 현황을 분석한 결과는 다음과 같음

구분	1사분기	2사분기	3사분기	4사분기
점검 건수	30,120	30,093	30,115	30,122
점검자	95	92	88	85
1인당 점검 건수	317	327	342	354
점검 후 재위반	28	32	38	42

"팀장님, 점검업무에 대한 현황분석 내용입니다"

자료를 보던 팀장은 얼굴표정이 굳어지기 시작했다.

"현황이 어떻다는 거야! 해석은 나보고 하란 말인가?"

"아~! 네. 보시다 시피 점검건수는 변동이 거의 없고요. 담당인원은 줄었습니다. 그리고 1인당 건수는…"

"그건 나도 보면 알아! 변동이 없고, 줄었고, 늘었고, 늘었고, 그래서 뭐? 현황이 어떻다는 거야? 이 현황의 요지와 당신의 의견은 뭐야?"

"저… 그게………."

"방송만 하지 말고 요점이 있어야지!"

보고서를 보다 보면 내용만 정리되어 있고 메시지가 없는 경우가 종종 있다. 그 보고서를 보는 순간 상사들이 느끼는 공통적인 생각은 '그래서 결론이 뭐야? 요점이 뭐야? 무슨 말을 하고 싶은 거야?'이다. 즉 내용은 있는데 메시지가 없다는 것이다.

요점이 뭐야? 결론이 뭐야?
그래서 하고 싶은 말이 뭐야!

글은 하나의 의사소통 수단이라고 했다. 조직 소통의 본질은 메시지를 전달하는 것이다. 다만 조직의 의사결정은 객관적인 근거를 바탕으로 하기에 작성자의 주장 메시지에 뒷받침 내용이 따라야 한다.

Key Lesson Point

- 전달하고자 하는 내용이 많을 때는 중심 메시지를 먼저 생각하고 정리하는 습관이 필요하다.

지나치게 많은 양을 담으려고 한다

"우리는 선진기관이나 업체를 대상으로 벤치마킹을 다녀오는 경우가 종종 있습니다. 근데 벤치마킹 결과보고서를 보면 '내가 이 많은 내용을 모두 읽어야 한단 말인가'라는 생각이 들 정도의 숨 막힐 분량을 직원들이 작성합니다. 상사가 꼭 알아야 할 내용만 작성해서 간략히 보고하면 될 것을… 아직도 많은 직원이 보고서 양에 집착하여 시간을 낭비하고 있다는 현실이 참으로 안타깝습니다."

"더구나 요즘은 전자보고서를 작성하는 경우가 대부분인데, 제목을 클릭하면 기안문에 요약정보가 없는 경우가 많아요. 핵심만 요약해서 보고하기보다는 방대한 양의 보고서를 첨부로 해결하려고 해요. 첨부파일의 용량을 보면 숨이 꽉 막힙니다."

어느 기관의 경영진이 들려준 말이다. 수요자인 상사를 전혀 배려하지 않는 전형적인 사례다. 최소한 상사를 배려했다면 보고서 책(?)을 쓰진 않았을 것이다. 많이 쓴다는 것은 핵심을 모른다는 의미다. 핵심을 모르니 내가 아는 것, 생각나는 모든 것, 가진 모든 자료를 보고서에 담게 된다. 작성자 중심의 보고문서를 작성하는 사람의 전형적인 특징이다. 양을 추구하다 보면 한눈에 들어오질 않아 독자의 시야는 복잡해지고 그 의미를 파악하기 힘들게 한다.

양을 추구하다 보면 한눈에 들어오질 않아 독자의 시야는 복잡해지고 그 의미를 파악하기 힘들게 된다!

생각해 보라!

실무자는 한 개의 보고서를 상사에게 올린다고 생각하지만, 상사 측면에서 보면 그 보고서는 수많은 것 중에 한 개에 불과하다. 더욱이 상사는 보고서만 보고 있는가? 회의도 가야 하고 현장도 방문해야 하고 외부 인사를 만나야 하고 중요한 의사결정을 하기 위해 고민하는 시간도 가져야 하기에 시간이 무진장 부족한 사람이다. 이렇게 바쁜 이에게 장황하고 늘어진 보고서를 보라고 하면 어느 상사인들 좋아하겠는가?

수요자의 핵심 궁금사항을 생각하고 대답을 하듯 글을 쓰는 습관을 길러야 한다.

Key Lesson Point

- 많이 쓴다는 것은 핵심을 모른다는 의미다.
- 수요자의 핵심 궁금사항에 답을 하듯 글을 쓴다면 많은 내용이 아니라 핵심을 담을 수 있다.

보고서의 맥락적 흐름을 파악하기 어렵다

"맡은 업무는 잘 처리하지만, 그 업무에 관한 보고서 작성에는 미흡한 직원들이 있습니다. 예를 들어, 실무자로서 업무를 수행할 때에는 수행방법과 절차에 주로 집중합니다. 하지만 보고서는 수행방법과 절차만을 전하는 게 아니라 이를 포함한 맥락적 흐름을 전해야 하므로 익숙하지 않은 직원들은 힘들어하지요. '왜 하고자 하는지, 관련 근거는 무엇인지 → 어떻게 추진할 것인지 → 추진상에 필요한 예산은 확보되었는지 → 성과 극대화를 위해 어떤 협조와 조치를 취할 것인지' 등과 같은 맥락 흐름으로 소통하는 습관이 매우 중요합니다."

"현안 업무보고의 경우도 마찬가지입니다. 대체로 각 업무를 1페이지로 담고 있는데 그 속에도 흐름이 있습니다. '업무를 왜 추진하게 되었는지 → 어떻게 추진하고 있는지 → 성과극대화 및 지속적 성과관리를 위해 앞으로 어떻게 관리할 것인지'가 대표적인 맥락적 흐름의 예시입니다."

친구들과 대화를 하다 보면 '무슨 말을 하는지? 무슨 말을 하고자 하는지?' 이해하기 어려운 경우가 종종 있다. 그 이유는 결론이나 주장이 명확하지 않거나 전달내용이 두서가 없기 때문일 것이다. 말하는 사람이나 보고서 작성자는 이미 취지를 알고 있고 자신이 수집한 정보, 생각을 전달하는 것이므로 논리적 흐름과 상관없이 이해가 된다. 하지만 듣는 사람이나 읽는 사람은 처음 접하는 내용이라 '서론-본론-결론'과 같은 맥락적 흐름이 없으면 내용을 이해하고 검토하기 어려울 수밖에 없다.

어떤 내용을 이해하기 위해서는 내용에 관계된 전후맥락을 필요로 한다.

보고서는 내용을 전하는 게 아니라 Intro-Body-Closing의 3단으로 맥락을 전하는 것이다.

의사소통의 수단이기에 시작이 있고 끝이 있어야 한다. 기승전결이나 서론-본론-결론과 같이 소통은 맥락적 흐름이 있어야 함을 의미한다. 전체 흐름 간에는 선후관계나 인과관계가 있을 수 있다. 논리적 맥락이 자연스럽게 구성되었을 때 독자는 작성자의 의도와 내용에 몰입하게 되고 이해도가 높아지게 된다. 문서는 완결성을 갖추게 된다.

Key Lesson Point

- 보고서는 내용을 전하는 것이 아니라, 내용을 중심으로 맥락을 전하는 것이다.
- 보고서 목차는 3단의 맥락적 흐름으로 구성되어야 한다.

Revolution in Writing Communication!

Contents

제 3 장

수요자 관점에서 작성해 보자

"보고문서는 독자 관점에서 그들의 궁금사항을 생각하고 대답을 하듯 자연스럽게 작성해야 한다."

- 김 달 원(Ph. D.) -

최종 수요자인 상사는 누구이며 어떻게 접근해야 하는가?

조직 내에서는 다양한 문서가 다뤄지고 있다. 그중에서도 업무나 상황을 정리하여 상사에게 말씀드리는 보고서는 다른 문서에 비해 작성이 쉽지 않은 편이다. 기안문도 마찬가지다. 하지만, '수요자 관점에서 그들의 궁금사항을 생각하고 대답을 해나가는 것이다.'라는 원칙에 익숙해지면 기안문이나 보고서 작성에 대한 자신감도 높아질 수밖에 없다.

지피지기면 백전백승! 수요자의 관점을 가져오려면 그들이 누구인지, 어떤 특징이 있는지를 알아야 할 것이다. 기안문과 보고서의 대표적인 수요자인 상사, 과연 그들은 누구이며 어떻게 접근해야 하는가?

① 상사는 업무지시자이기도 하다.

직책자인 상사는 업무를 지시하고 실무자들은 그 지시사항을 어떻게 수행할 것인지, 어떻게 수행되고 있는지, 어떻게 수행했는지를 말씀드리게 된다. 따라서 실무자는 상사의 지시사항을 잘 이해해야 하며 그에 맞게 필요한 내용을 빠짐없이 담을 수 있어야 한다. 보고서는 소통의 흐름과 완결성을 갖추어야 하기 때문이다.

② 상사는 의사결정권자이기도 하다.

실무자가 업무를 언제 어떻게 수행할 것인지를 담아 제안하면 직책자인 상사는 내용의 적합성을 판단하여 승인해 주는 사람이다. 따라서 보고서 작성자는 상사의 의사결정에 필요한 내용이 무엇인지 생각하고 글을 써야 한다. 다만 양이 많으면 전달력은 떨어진다. 실무자 입장에서 자신이 알고 있는 내용을 모두 작성하면 양이 많아질 수밖에 없다. 상사의 궁금사항을 생각하고 목차와 흐름을 잡고 명확한 내용을 담도록 해야 한다.

③ 상사는 성과책임자이기도 하다.

직책자란 자신이 맡은 단위조직의 업무수행 및 성과에 대해 책임지는 사람을 말한다. 부서의 업무는 원활하게 진행되고 있는지, 목표달성에는 차질 없는지를 끊임없이 모니터링하여 최종적으로 높은 성과가 나올 수 있도록 관리해 나가야 한다. 따라서 실무자는 업무가 진행되는 동안에는 진행상황을 담아서 말씀드려야 하며, 업무가 종료되면 업무 결과를 담아 보고를 해야 한다. 경과보고서와 결과·성과보고서를 말한다. 이 경우도 너무 많은 걸 장황하게 담지 말고 상사의 입장에서 핵심사항만 보고하여 효율성을 도모해야 한다.

④ 상사는 정보수집가이기도 하다.

공공조직은 국가의 안보와 경쟁력, 시민사회의 건강과 안전을 책임지는 집단이다. 이를 위해 각 기관에서는 책임져야 할 영역에 대해 목적과 목표를 수립하고 이를 달성하기 위한 새로운 사업과제를 발굴하고 수행하게 된다. 상사들은 관련된 정보와 동향을 끊임없이 수집하고 분석하여 대응책을 마련하고 실무자들에게 방향을 제시해야 할 책임이 있다. 산업, 일자리, 경제, 기술, 사회 및 문화 등에 관한 변화 동향이 대표적이다. 상사를 보좌하는 실무자들은 관련 동향을 신속·정확하게 파악하여 상사들이 정책 및 전략 수립에 활용 수 있도록 도와야 한다. 단순 동향뿐만 아니라 우리 기관에 시사하는 바가 무엇인지를 담는다면 상사들에게 더 의미있는 보고서가 될 것이다.

보고서 작성에도 절차가 있다

어떻게 하면 이해하기 쉽고 매력적인 보고서를 작성할 수 있을까? 보고서 작성자의 끊임없는 고민일 것이다. '보고서 내용의 범위, 즉 목차는 어떻게 구성해야 하는지?' '내용을 채우는데 필요한 정보・자료・아이디어는 무엇인지? 어떻게 수집할 것인지?' '전달력을 높이기 위해 수집한 내용을 어떻게 표현할 것인지?'가 대표적이다. 기안문이나 시행문도 마찬가지다.

따라서 보고서를 작성할 때 수요자 관점에서 그들의 궁금사항을 생각하고 얼개를 만들고 이해하기 쉽게 내용을 구조화하는 능력은 매우 중요하다. 그렇다면 그 구체적인 접근법은 무엇일까?

어떤 일을 수행하려면 진행 단계*step by step*가 있기 마련이다. 예를 들어, 일을 처리할 때는 「계획*Plan* → 실행*Do* → 평가 및 사후관리*See*」, 문제해결에는 「문제정의 → 원인분석 → 해결안 도출 → 실행 → 평가 및 사후관리」의 절차로 진행된다. 마찬가지로, 수요자 관점의 보고문서를 작성할 때도 필요한 절차가 있을 것이다.

수요자 관점의 보고서 작성 7단계 내용을 요약하면 다음과 같다.

① 작성자가 제안 혹은 주장하고자 하는 바가 무엇인지 명확히 한다. 보고서의 주제이자 제목이 될 것이다.
② 수요자(독자)가 궁금해 하는 사항을 질문*Question*형태로 나열한다.
③ 나열된 질문들 중에서 핵심질문*Key Questions*을 선정하여 보고서의 범위를 결정한다.
④ 보고서의 목차(뼈대)를 구성한다.
⑤ 필요한 정보 · 자료 · 아이디어를 수집한다.
⑥ 스토리 라인을 구상한다.
⑦ 내용을 채우고 완성한다.

Key Lesson Point

- 수요자 관점의 보고서는 7단계 과정을 통해 마무리된다.

[1단계] 작성자가 제안 혹은 주장하고자 하는 바가 무엇인지 명확히 한다

수요자 관점의 보고서를 작성하기 위해서는 작성자가 하고 싶은 말이 아니라 수요자의 궁금사항을 생각하고 답변하듯 글을 쓰는 습관이 중요하다. 최종 수요자가 누구인지 생각하고 그들의 궁금사항을 끌어내야 한다. 그들의 궁금사항을 끌어내는 방법이 바로 문서의 주제이자 제목을 활용하는 것이다.

일은 시켜서 하지만 보고서를 작성할 때는 반대로 생각해야 한다.

제목은 작성자의 주장이자 제언 사항임에 익숙해져야 한다. 주장과 제언을 함과 동시에 수요자 관점에서 그들의 궁금사항을 나열하면 된다. 작성자가 제안하고 주장하는 바가 보고서 제목이니 이를 감안하여 보고서 제목도 기술되어야 한다. 제목을 활용하여 무엇을 주장하고 말씀드리고자 하는지를 대화체 형태로 주장하는 습관이 필요하다. 이는 보고서 작성의 첫 출발이다. 이 단계를 거치면서 보고서에 담아야 할 내용과 그 범위가 드러나게 된다.

먼저 사례를 통해 '제목은 작성자의 주장이다'라는 습관을 길러보자.

『△△년 사내강사 워크숍 실시 계획』은 보고서 제목이다. 이는 제목이자 작성자가 고민해야 할 업무 주제다. 이 제목을 주장형태로 표현하면 '△△년 사내강사 워크숍 실시 계획을 수립하고자 합니다.'가 되는 것이다.

「2030년 시민 참여형 제안제도 운영계획」

⇨ "2030년 시민 참여형 제안제도 운영계획을 수립하고자 합니다."

「민원 전용 복합기 설치 검토 결과」

⇨ "민원 전용 복합기 설치를 검토했는데 그 결과를 보고 드리겠습니다."

「저출산 해소방안/출산율 증대를 위한 정책 방안」

⇨ "저출산 문제 해소방안을 수립하고자 합니다/출산율 증대를 위한 정책 방안을 수립하고자 합니다."

「연평도 포격 사건 발생 상황 보고」

⇨ "연평도 포격 사건 발생에 대한 상황을 보고 드리고자 합니다."

「2030년 하반기 위생점검 결과보고」

⇨ "2030년 하반기 위생점검을 시행하였으며 그 결과를 보고 드리겠습니다."

「(협조문) 제3기 사내 MBA 수료식 관련 업무협조 요청」

⇨ "사내 MBA 수료식 관련하여 업무 협조를 요청합니다."

문서 작성의 출발이다. 습관화 되어야 한다.

이렇게 주장을 펼치면 수요자가 궁금해 하는 사항이 질문형태로 떠오르게 된다.

Key Lesson Point

- 수요자 관점의 문서작성 출발점은 제목을 작성자의 주장이나 제안형태로 표현하는 것이다.

[2단계] 수요자가 궁금해 하는 사항을 질문 형태로 나열한다

먼저, 어떤 계획이나 상황에 대해 질문을 할 때 기준점이 되는 육하원칙에 대해 이해하고 넘어가자. 일반적으로 육하원칙은 5W1H로 기억하지만 조직에서는 6W3H 관점으로 바라보는 게 바람직하다. 무엇이 추가된 것일까? W항목에서는 Whom이 추가되었다. 흔히 Who는 주체자나 주관부서를 말하며 Whom은 수혜자나 수혜집단 혹은 협력자를 의미한다. H항목에서는 How Long과 How Much가 추가되어야 한다. 조직에서 어떤 일을 진행하거나 상황을 전할 때 기간목표가 있거나 비용이 수반되기 때문이다.

자! 이제 제목을 활용하여 수요자의 궁금사항을 질문형태로 끌어내는 방법에 대해 알아보도록 하자.

앞서 제목은 작성자의 주장이자 제안사항이라고 했다. 제목을 자기 주장형태로 전환하면 수요자의 궁금사항이 떠오르게 된다.

작성자가 하고 싶은 말이 아니라 수요자의 궁금사항을 떠올린다.

사례를 통해 살펴보자.

『△△년 사내강사 워크숍 실시 계획』에 대한 수요자의 궁금사항을 도출해 보자. 지시사항은 대체로 이렇다 "우리 내부 강사들을 대상으로 워크숍을 준비해 봅시다. 전년도 강의실적에 대한 리뷰를 시작으로 외부 전문가로부터 새로운 강의기법을 전수하여 어떻게 적용할 것인지 함께 논의하는 자리가 되었으면 합니다. 전국에서 오니 10시부터 오후 3시 정도까지 진행하면 점심도 함께하고 왕복 이동에 대한 부담도 크지 않을 것 같네요."

상사의 지시내용을 토대로 작성자는 완결성을 갖춘 보고서를 작성할 수 있어야 한다. 먼저, 1단계에서처럼 제목을 주장이나 제언형태로 표현해 보자. 이 경우 수요자인 상사는 작성내용에 대해 아는 바 없다고 가정하고 도출해야 완결성을 추구할 수 있다. "△△년 사내강사 워크숍을 실시하고자 합니다" 혹은 "△△년 사내강사 워크숍 실시 계획을 수립하고자 합니다"라고 수요자인 상사에게 말한 후 그들의 입장에서 그들의 궁금사항을 브레인스토밍하여 질문형태로 나열해 보자.

Q1: 워크숍을 왜 하고자 하는가? 근거는?
Q2: 언제? 일자와 시간은?
Q3: 장소는? 위치와 약도는?
Q4: 참가 대상자는? 몇 명? 어떤 사람들이 참가하는가?
Q5: 워크숍에서 다뤄질 주요 내용이나 안건은?
Q6: 외부 강사가 온다고? 외부 강사는 누구인가?
Q7: 구체적인 일정은?
Q8: 소요예산은?
Q9: 성공적 워크숍 진행을 위해 협조받아야 할 사항은?

Q10: 개별 준비물은?
Q11: 외부라면 안전이 우려되는데 이동방법은?
Q12: 워크숍 관련 우리 부서에서 챙겨야 할 행정사항은?
Q13: 내가 도와줄 건?

이렇게 수요자의 궁금사항을 도출하는 습관은 매우 중요하다. '무엇을 담아야 할지?' 막막했던 당신에게 보고서에 대한 자신감을 갖게 해 줄 것이다.

다음은 『저출산 해소방안/출산율 증대를 위한 정책 방안』에 대한 수요자의 궁금사항을 도출해 보도록 하자. 제목을 주장형태의 대화체로 바꾸면 "저출산 문제 해소방안을 수립하고자 합니다"일 것이며, 이에 대한 상사의 궁금사항을 질문형태로 나열해 보자.

Q1: 왜 수립하고자 하는가? 왜 이 과제가 이슈화 되었는가?
(답변 예: O년부터 출산율이 지속 하락함. 지속될 경우 고령 인구에 대한 부양 부담이 증가하며 국가경쟁력 저하도 우려됨)
Q2: 왜 하락되었는가? 출산율 하락의 원인은? 현재 우리의 문제점은 무엇인가?
Q3: 문제점/원인을 해결하기 위해 우리는 무엇을 어떻게 해야 하는가? 즉, 방안은 무엇인가?
Q4: 방안을 실행하는데 있어서 장애요인 / 잠재문제는 있는가? 있다면 어떻게 극복할 것인가?
Q5: 추진조직, 그리고 예산 및 확보계획은?
Q6: 앞으로 협조나 의견을 구해야 할 이해관계자는 누구인가? 그들과의 소통 및 협력 방안은?
Q7: 향후 주요 일정은?
Q8: 성공적으로 실행된다면 어떤 효과가 기대되는가?

이같이 '저출산 해소 방안'에 대한 상사의 궁금사항을 질문형태로 나열하면 보고서에 무엇을 담아야 할지 내용 범위를 파악할 수 있다.

『2030년 하반기 위생점검 결과 보고』에 대해 수요자의 궁금사항을 질문 형태로 나열해 보자. 우선 제목을 주장으로 펼치면 "2030년 하반기 위생점검을 시행하였으며 그 결과를 보고 드리겠습니다"일 것이다. 이 말은 들은 상사는 어떤 말을 할까? 기관의 역할과 책임, 점검상황에 따라 일부 추가되거나 변경될 수는 있겠으나 아래의 범위에서 크게 벗어나지 않을 것이다.

Q1: 위생점검은 왜 갑자기? 어떤 취지로 위생점검을 하였는가? 근거는?
Q2: 기간은? 언제 했는가?
Q3: 주요 대상은? 몇 군데?
Q4: 점검 방법은?
Q5: 점검자는? 합동점검인가?
Q6: 주로 어떤 내용을 점검했는가?
Q7: 그래, 점검결과는? 위반이 많은 항목은? 상반기 대비 위반율은? 업체별 점검결과는?
Q8: 위반업체에 대한 향후 조치계획은?
Q9: 지속적 위생관리를 위해 앞으로 무엇을 해야 하는가?
Q10: 소요예산은?

마지막으로 『우리시와 A복지재단간의 업무협약 체결 계획 : 공중화장실 개선사업』이라는 보고서에 대한 수요자의 궁금사항을 나열해 보자. 이번 보고서는 사업 프로세스의 첫 번째 단계인 협약식에 관한 사항이다. 따라서 협약식에 초점을 두고 작성해야겠으나 최종 수요자인 상사가 사업의 최종 책임자이므로 어떤 사업인지, 사업이 어떻게 진행되는지도 함께 궁금하다는 것을 명심하자.

Q1: 어떤 사업(사업명, 내용, 기간, 예산…)인가?
Q2: 협약 대상기관은 어떤 곳인가?
Q3: 협약체결의 목적? 근거?
Q4: 협약을 위해 그동안 어떤 노력을 했는가?
Q5: 협약 일자는? 시간 계획은?
Q6: 협약 방식은?
Q7: 협약 기간은?
Q8: 협약 후 어떤 절차로 사업이 진행되는가?
Q9: 협약 후 성공적 사업추진을 위해 우리 기관에서 챙겨야 할 사항은?
Q10: 사업 전후 달라지는 모습은?

위와 같이 상사의 궁금사항을 질문형태로 나열하면 보고서의 개략적 범위가 파악된다. 핵심을 담은 보고서를 작성하기 위해서는 위 질문 중에서 핵심질문*Key Questions*를 선택해야 한다. 이 부분은 3단계에서 함께 살펴보기로 하겠다.

Key Lesson Point

- 상사의 궁금한 사항을 나열하면 보고서의 내용범위가 보이기 시작한다.
- 6W3H 요소를 고려하여 질문을 떠올리는 습관을 갖도록 하자.

[3단계] 나열된 질문들 중에서 핵심질문을 선정하여 보고서의 범위를 결정한다

보고서는 효율적으로 작성해야 한다. 이것저것 많이 담았다는 것은 핵심을 모른다는 것을 방증한다. 장황한 보고서를 작성하는 게 아니라 핵심을 담은 보고서를 작성할 수 있어야 한다.

내용이 많은 보고서에 대해 상사들이 종종 이렇게 말한다.

"어떤 보고서는 내용이 많아 무엇부터 봐야 할지 모르겠어요!"
"'이걸 내가 다 읽어야 해!'라는 생각으로 숨이 탁! 막힐 때도 있습니다."
"최종 수요자가 누구인지 그들의 관심사항은 무엇인지 생각하고 작성했으면 좋겠어요."
"두툼한 보고서요? 다 읽은 기억이 없습니다."
"대충 훑어보며 몇 가지 핵심사항만 읽어봅니다."

회의할 때도 말 잘하는 사람은 핵심을 파악하고 전달하는 특징이 돋보인다. 보고서도 마찬가지다. 수요자 관점에서 그들의 궁금사항을 생각하고 보고서를 작성하는 습관은 필수적이며, 질문형태로 나열된 궁금사항 중에서도 핵심 궁금사항이 아니므로 제거해야 할 건 없는지, 첨부로 하여 참고자료로 제시할 건 없는지를 따져서 본문의 최종내용이 될 핵심질문을 결정하는 습관이 더해져야 한다. 핵심질문을 결정하는 것이 핵심을 담은 보고서 작성의 출발점이다. 결정된 핵심질문은 대체로 보고서의 큰 목차나 하위 목차로 등장하게 된다.

본문에 담을 내용이 무엇인지, 첨부물로 가야 할 것은 무엇인지, 제거해야 할 내용은 무엇인지를 판단해야 한다! —

사례를 통해 살펴보자. 조직이 처한 상황이나 워크숍 상황에 따라 일부 달라질 수 있겠지만 일반적인 상황으로 가정하여 함께 살펴보자.

앞의 『△△년 사내강사 워크숍 실시 계획』에서 도출된 수요자의 질문사항 중에서 핵심질문을 선정해 보자. 예를 들어, 위치와 약도는 붙임으로 하여 필요한 사람만 참고하도록 하면 된다. 상사의 지원사항은 특별한 경우가 아니면 본문에 담기 보다는 구두로 협조요청하면 될 것이다. 물론 지원사항이 없을 경우는 제거하면 된다. 개별 준비물은 의사결정권자인 상사의 핵심 관심사항이 아니라 워크숍 참가자의 핵심 관심사항일 가능성이 높으므로 기안문이나 계획 보고서에서는 제거하되 시행문(안내문)을 작성할 때 담아야 할 것이다.

Q1: 워크숍을 왜 하고자 하는가? 근거는?
Q2: 언제? 일자와 시간은?
Q3: 장소는? ~~위치와 약도는?~~
Q4: 참가 대상자는? 몇 명? 어떤 사람들이 참가하는가?
Q5: 워크숍에서 다뤄질 주요 내용이나 안건은?
Q6: 외부 강사가 온다고? 외부 강사는 누구인가?

Q7: 구체적인 일정은?
Q8: 소요예산은?
Q9: 성공적 워크숍 진행을 위해 협조받아야 할 사항은?
~~Q10: 개별 준비물은?~~
Q11: 외부라면 안전이 우려되는데 이동방법은?
Q12: 워크숍 관련 우리 부서에서 챙겨야 할 행정사항은?
~~Q13: 내가 도와줄 건?~~

다음은 『우리시와 A복지재단간의 업무협약 체결 계획 : 공중화장실 개선사업』에 대한 핵심질문을 선정해 보자. 2단계에서 나열한 수요자의 궁금사항은 아래와 같다. 그중에서 Q4는 사업관련 그간 노력 사항이 있으면 유지하여 목차를 구성할 때 '추진 경과'로 나타내면 된다. 물론 최종 수요자가 알아야 할 정도의 중요한 노력 사항이 없으면 제거하면 될 것이다. 협약식에서 비용이 발생하지 않으면 Q10은 제거하면 된다. Q11은 사진 이미지로 제시되므로 보고서 본문에 제시하기보다는 '개선 전·후 비교'라는 목차로 첨부자료로 제시하는 게 일반적이다. 4단계 바람직한 '목차표현'에서도 언급하겠지만 목차만 보더라도 '개선 전·후 비교'는 본문에 오기에는 부적절하다.

Q1: 어떤 사업(사업명, 내용, 기간, 예산…)인가?
Q2: 협약 대상기관은 어떤 곳인가?
Q3: 협약체결의 목적은? 근거는?
Q4: 협약을 위해 그동안 어떤 노력을 했는가?
Q5: 협약 일자는? 시간 계획은?
Q6: 협약 방식은?
Q7: 협약 기간은?

Q8: 협약 후 어떤 절차로 사업이 진행되는가?

Q9: 협약 후 성공적 사업추진을 위해 우리 기관에서 챙겨야 할 사항은?

~~Q10: 소요예산은~~?

~~Q11: 사업 전후 달라지는 모습은~~?

살펴본 바와 같이, 수요자인 상사의 궁금사항을 질문형태로 나열하고 그중에서 핵심질문을 결정하면 보고서의 최종 범위가 결정된다. 그다음은 목차로의 전환단계다.

Key Lesson Point

- 핵심질문 *Key Questions* 이 결정되면 문서의 범위가 결정된 것이다.
- 일부 필요한 사람만 참고할 자료는 첨부물로 제시하라.

[4단계] 보고서의 목차(뼈대)를 구성한다

이제 상사가 궁금해하는 핵심질문을 결정했으니 이를 토대로 보고서의 기본 틀을 구성해야 한다. 우선 목차를 작성해야 하는데 목차작성에 앞서 핵심질문이 몇 개인지, 그룹핑이 필요한지를 살펴봐야 한다.

미국 하버드의 심리학자 조지 밀러의 연구에 의하면 인간의 뇌가 기억할 수 있는 단기기억의 개수는 7개 전후(7±2)라고 하였다. 이후로 심리학계에서는 7을 마법의 숫자로 부르게 되었다. 물론 사람에 따라 최대 9개까지 기억하는 사람도 있고 5개 정도밖에 기억하지 못하는 사람도 있을 것이다. 이러한 제한적 기억용량 환경 속에서 인간의 뇌가 단기기억을 효율적으로 사용하기 위해서는 마법의 숫자 7±2 사이의 의미덩이들로 만들고 기억하면 편리하다고 하였다. 전화번호가 7자리인 이유가 바로 이 마법의 숫자 7에 의해 적용된 것으로 알고 있다.

하지만 보고서의 목차는 단순 항목만 존재하는 게 아니라 각 목차가 품은 내용이 적지 않은 점을 고려할 때 목차 개수를 5±2로 추천한다. 즉 핵심질문을 7개 이하로 유목화하고 목차를 구성해야 한다는 것이다. 최대 7개니 가능한 그 이하로 묶어지면 전달력이 높아 맥락을 이해하고 기억하기 좋을 것이다.

이제 핵심질문을 활용하여 목차를 구성해 보자. 목차로 전환할 때는 맥락적 흐름이 자연스러운지 고려해야 하며 보고문서의 균형을 유지하기 위해 Intro - Body - Closing의 3단으로 정리하는 습관을 길러야 한다. 목차의 개수가 많을 경우는 가능한 5±2에서 정리될 수 있도록 그룹핑을 해야 한다.

『△△년 사내강사 워크숍 실시 계획』에 대한 목차를 구성해 보면 다음과 같다.

질문		구분	목차
Q1: 워크숍을 왜 하고자 하는가? 근거는?			1. 추진근거
Q2: 언제? 일자와 시간은?			2. 목적/배경
Q3: 장소는? ~~위치와 약도는~~?			3. 추진개요
Q4: 참가 대상자는? 몇 명? 어떤 사람들이 참가하는가?		Intro	가. 일시: 나. 장소:
Q5: 워크숍에서 다뤄질 주요 내용이나 안건은?			다. 대상: 라. 주요 내용:
Q6: 외부 강사가 온다고? 외부 강사는 누구인가?	⇨	Body	4. 세부 일정
Q7: 구체적인 일정은?		Closing	5. 소요예산
Q8: 소요예산은?			6. 향후계획
Q9: 성공적 워크숍 진행을 위해 협조받아야 할 사항은?			붙임
Q10: 외부라면 안전이 우려되는데 이동방법은?			워크숍 위치 약도
Q11: 워크숍 관련 우리 부서에서 챙겨야 할 행정사항은?			

다음은 「우리시와 A복지재단간의 업무협약 체결 계획 : 공중화장실 개선사업」에 대한 목차를 구성해 보자. 계획보고서의 경우 통상 Body가 '세부 ○○'

로 표현된다. 하지만 이번 협약보고서의 Body가 '세부 일정'으로 표현되지 않는 이유는, 협약시간이 통상 1시간 내외로 짧게 진행되며 그 진행 순서조차 상사들이 이미 알고 있는 방법이기 때문에 별도의 목차로 나타내지 않고 '협약개요'의 하위 목차인 '진행 순서'로 가볍게 표현하였다. 이 경우 '세부 ○○'가 없으므로 '개요'를 Body로 간주하면 된다.

Q1: 어떤 사업(사업명, 내용, 기간, 예산 …)인가?
Q2: 협약 대상기관은 어떤 곳인가?
Q3: 협약체결의 목적은? 근거는?
Q4: 협약을 위해 그동안 어떤 노력을 했는가?
Q5: 협약 일자는? 시간 계획은?
Q6: 협약 방식은?
Q7: 협약 기간은?
Q8: 협약 후 어떤 절차로 사업이 진행되는가?
Q9: 협약 후 성공적 사업추진을 위해 우리 기관에서 챙겨야 할 사항은?
~~Q10: 사업 전후 달라지는 모습은?~~

⇨

Intro
1. 추진근거
2. 목적/배경
3. 추진경과
4. 사업개요
   가. 사업명:
   나. 기간:
   다. 예산:
   라. 사업 내용용:

Body
5. 협약개요
   가. 일자:
   나. 방법:
   다. 기관:
   라. 상대기관:
   마. 진행 순서:
6. 향후 추진 일정

Closing
7. 기타 및 행정사항

붙임
   사업 전·후 비교

『2030년 하반기 위생점검 결과 보고』에 대한 3단 목차를 구성해 보자.

이 보고서의 중심내용인 Body는 무엇일까? 결과보고서이므로 점검결과나 성과가 Body로 나타날 것이다.

Q1: 어떤 취지로 위생점검을 하였는가?		1. 점검목적/배경
관련 근거는?		* 근거:
Q2: 기간은? 언제 했는가?	Intro	2. 점검개요
Q3: 주요 대상은? 몇 군데?		가. 기간:
Q4: 점검 방법은?		나. 대상:
Q5: 점검자는? 합동점검인가?		다. 점검방법:
Q6: 주로 어떤 내용을 점검했는가?		라. 주요 점검 내용
Q7: 그래, 점검결과는?	⇨ Body	3. 점검 결과
위반이 많은 항목은?		가. 항목별
상반기 대비 위반율은?		위반율/건수
~~업체별 점검결과는?~~		나. 상반기 대비
Q8: 위반업체에 대한 향후 조치계획은?		위반율
Q9: 지속적 위생관리를 위해	Closing	4. 향후 계획
앞으로 무엇을 해야 하는가?		붙임
~~Q10: 소요예산은?~~		업체별 위반 내역

마지막으로 『저출산 해소방안』에 대한 목차를 구성해 보자. 2단계에서 나열된 상사의 궁금사항은 아래의 왼쪽 내용이다. 이는 사회문제에 대한 대책이나 해결방안을 제시하는 문제해결형 과제다.

Q1: 왜 의제화되었는가?	Intro	1. 배경
출산율이 어느 정도로 심각한가?	⇨	2. 현황 및 문제점
지속될 경우 우려되는 바는?		(주요원인)

Q2: 출산율 하락의 원인은? 현재 우리의 문제는 무엇인가? Q3: 우리가 어떻게 하면 되는가? 방안은 무엇인가? Q4: 방안을 실행하는데 있어서 저해요인은 있는가? 있다면 어떻게 극복할 것인가? Q5: 방안의 성공적 실행을 위해 앞으로 인력, 예산 등 준비계획은?	Body 3. 방안
Q6: 앞으로 협조나 의견을 구해야 할 이해관계자는 누구인가? 그들과의 소통 및 협력 방안은? Q7: 향후 주요 일정은? Q8: 성공적으로 실행된다면 어떤 효과가 기대되는가?	Closing 4. 향후 계획 5. 기대효과

위 목차는 정책 기본방향을 제시하는 중앙정부 관점에서 정리된 것이다. Q3과 Q4는 Body의 '방안'에 작성하며 Q5 · Q6 · Q7은 '향후 계획'에 정리하여 요약될 수 있다. 정책집행 기관인 지방자치단체의 경우는 향후 계획을 구체화하여 세부 추진계획, 인력 및 예산확보 계획, 홍보 계획, 모니터링 및 성과관리 계획 등으로 세분화하여 제시하기도 한다.

Key Lesson Point

- 수요자의 질문사항을 3단(Intro-Body-Closing) 맥락적 흐름으로 목차를 구성한다.
- 목차가 많을 경우는 가능한 유목화하여 5±2개로 나타낸다.

[5단계] 필요한 정보 · 자료 · 아이디어를 수집한다

"근거가 뭐야? 추진 근거는? 판단의 근거는?"
"당신이 생각하는 필요성이 아니라, 실제 현장에서 무슨 문제가 있길래 추진해야 한다는 건가?"
"시민들이 불편하다고 말하는 구체적인 실태나 사례는?"
"구체적으로 말해 봐! 어떤 절차로, 어떤 기준으로, 어디까지, 누구를 대상으로 하겠다는 거야?"
"의구심이 만연하다고 판단한 근거는?"
"이러한 대책으로 성공한 국내외 사례가 있는가?"
"이건 방향성이잖아! 구체적인 기간, 내용과 방법이 없잖아!"
"이 방안을 실행하게 되면 우리는 무엇을 기대할 수 있는가?"
"혹시 실행에 걸림돌이 되는 저해요인이나 우려되는 바는?"

보고서 작성에 있어서 정보 · 자료 · 아이디어 수집 활동은 매우 중요하다. 아무리 논리적 흐름을 잘 잡아도 자료나 아이디어가 없으면 보고서를 구체화하고 완성도를 높일 수 없기 때문이다. 그래서 보고서에 무엇을 담을 것인지는 수요자의 궁금사항을 바탕으로 하지만 보고서의 깊이는 정보 · 자료 · 아이디어가 결정한다고 말한다. 정보 · 자료 · 아이디어 수집은 모든 단계에서 진행될 수 있지만, 특히 이 시점에서는 보다 체계적인 접근방법이 요구된다.

정보 · 자료 · 아이디어 수집을 위한 4단계 절차는 다음과 같다.

① 수집해야 할 정보 · 자료 · 아이디어 목록을 작성한다.
② 수집해야 할 정보 · 자료 · 아이디어가 어디에(자료원) 있을지를 정한다.
③ 수집해야 할 정보 · 자료 · 아이디어를 어떤 방법으로 수집할 것인지 결정한다.
④ 정보 · 자료 · 아이디어 수집 활동을 진행한다.

필요한 정보 · 자료 · 아이디어가 무엇인지를 파악하는 요령은 무엇일까?

수요자(독자)의 궁금사항을 떠올리며 그에 답변하기 위해 구체적으로 어떤 정보나 자료가 필요할지를 정리해 보면 된다. 이 방법은 보고서의 유형에 상관없이 활용할 수 있다. 또한, 업무와 관계된 내외부 이해관계자를 파악하고 그들의 요구사항이나 입장, 판단 기준 등을 생각하고 이를 충족시킬 수 있는 아이디어를 생각하여 정보 · 자료 · 아이디어를 수집한다면 더 구체적이고 완성도 높은 보고서를 작성할 수 있다. 여기서 이해관계자란, 업무지시자나 의사결정권자, 업무의 결과물을 사용하는 사람, 업무로 인해 긍정 혹은 부정적으로 영향을 받는 사람, 성공적 업무수행을 위해 협력을 해야 할 사람 등을 말한다.

수집해야 할 정보 · 자료 · 아이디어를 정리했으면 수집 활동을 진행해야 한다. 어떤 방법으로 수집할 수 있는지 알아보자. 물론 상황에 따라 같은 내용이라도 수집방법은 달라질 수 있다.

예를 들어, 교통에 대한 시민들의 불편사항이 무엇인지 파악하려면 어떤 방법이 있을까?

- 조직 내부의 해당 부서나 담당자를 찾아가서 자료를 요청하는 방법도 있을 것이다.
- 교통관리를 전담하는 타 기관에 자료를 의뢰하는 방법도 있을 것이다.
- 시민에게 직접 물어보는 방법도 있을 것이다.

'민원서비스 만족도 개선방안'을 마련하는 보고서에서 수요자의 궁금사항 중에는 '우리의 문제를 어떻게 개선할 수 있을까?'가 있다. 이에 대한 아이디어는 어떻게 수집할 수 있을까?

- 우리와 비슷한 문제를 성공적으로 해결한 국내외 선진기관 사례를 참고할 수 있다.
- 외부전문가와 내부 관계자가 함께 모여 회의를 하는 방법도 있을 것이다.
- 전문가 인터뷰나 용역의뢰를 통해 아이디어를 얻을 수 있을 것이다.

이렇듯 수집해야 할 정보 · 자료 · 아이디어는 내용과 상황에 따라 그 방법이 달라질 수 있다. 보고서를 작성하기 위해 주로 활용할 수 있는 수집방법을 요약해 보면 다음과 같다.

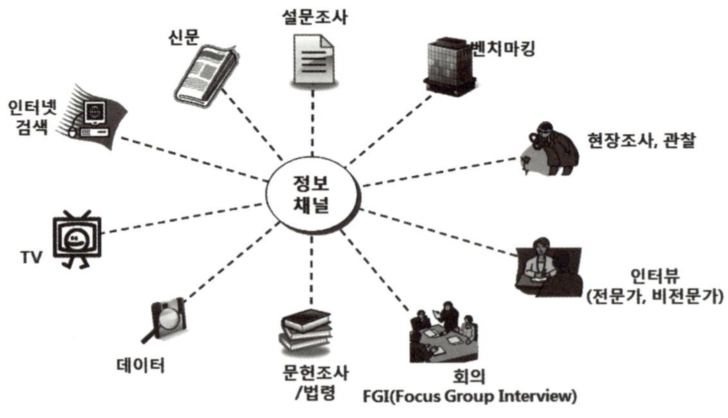

3단계 절차(필요한 정보 · 자료 · 아이디어 목록 작성 → 자료원 파악 → 수집방법 결정)를 통해 다음과 같은 수집계획서가 만들어지게 된다. 수집계획서가 완성되면 자료원을 고려하여 일정계획을 수립하고 수집에 필요한 도구(예 : 인터뷰 시트)를 만들어 수집활동을 실시하면 된다.

수집 항목	분석 내용	자료원
(교통)시민 불편사항	내용별 빈도, 주요 장소, 주요 시간대	시민, 교통관리과
월 소득 실태	지역별, 연령별 평균 소득	(△△구)저소득층
고객 불만 내용	월별 건수, 전체 추이, 유형별 건수	고객만족팀
고객 유형별 대응방안	고객유형 분류 기준, 유형별 차별화 방안	○○○ 교수

Key Lesson Point

- 보고서의 깊이는 정보 · 자료 · 아이디어가 결정한다.
- 수요자의 궁금사항을 떠올리며 그에 필요한 정보 · 자료 · 아이디어 수집계획을 수립하라.
- 이해관계자를 파악하고 그들의 요구사항, 입장, 평가 기준을 충족시킬 수 있는 추가 아이디어를 모색하라.

[6단계] 스토리 라인을 구상한다

(주제)

내일 날씨입니다.

(최종 주장메시지)

내일은 올해 들어 가장 추운 날씨가 예상되니 따뜻한 옷차림 잊지 마시기 바랍니다.

(뒷받침 주장/근거 1)

먼저, 내일 기상 상황입니다. 내일은 차가운 바람과 눈구름이 예상됩니다(기상).

<근거> 보시는 바와 같이 시베리아 고기압이 현재 몽고에서 중국으로 이동 중입니다.
예상경로를 보면 내일 새벽에는 한국에 진입할 것으로 보입니다.

(뒷받침 주장/근거 2)

다음은 내일 전국 날씨입니다. 내일은 전국적으로 영하의 날씨가 예상됩니다(기온).

<근거> 전국 평균 날씨 영하 10도로 예상되며, 지역별 날씨를 살펴보면 서울은…

어느 기상캐스터의 일기예보 상황을 전하는 내용이다. 글의 구성을 살펴보면 전달하고자 하는 최종 주장메시지를 제시하고 이를 부연하는 내용과 구체적인 근거자료로 뒷받침하였음을 알 수 있다. 이해하기 쉽고 전달력이 높은 문장구조다. 특히 밑줄 친 3줄만 보더라도 전체 줄거리를 알 수 있다.

모 방송사 예능프로그램에서 '탐정 아카데미'라는 프로그램을 진행한 적이 있다. 가정 내 식탁 의자에 앉아 한 사람이 살해된 사건이며, 몇몇 탐정들이 살해 현장을 살펴보며 사건의 실마리를 유추해 나가는 내용이다.

탐정 A : "담배꽁초가 3개인데 모두 피살자의 립스틱이 묻어 있는 걸로 봐서 피살자는 흡연자이고 범인은 흡연을 하지 않는 것으로 추정됩니다. 게다가 범인 방향의 테이블 위에는 담뱃재가 전혀 없습니다."

전문가 : "아주 의미 있는 발견입니다."

탐정 B : "범인은 왼손잡이일 것입니다. 컵의 손잡이가 왼손이 편한 방향으로 하고 있습니다."

전문가 : "대단한 관찰입니다. 둘 다 오른손 잡이였다면 컵의 방향이 서로 반대였겠죠."

탐정 C : "범인의 컵은 비어있고 피살자의 컵은 차(tea)가 거의 그대로입니다. 범인은 차을 마시고 피살자는 담배를 피우며 오랜 시간 함께 있었던 것 같습니다."

탐정 D : "범인은 면식범일 가능성이 큽니다. 면식범이 아닌 이상 서로 마주하고 차를 마시며 오랜 시간을 함께할 이유가 없습니다."

탐정 F : "저항이나 반항의 흔적이 없습니다. 식탁과 의자가 제 위치에 있습니다. 피살자가 저항이나 반항을 할 수 없을 정도로 범인은 피해자에 대해 강력한 지배 관계에 있는 사람이며, 약물에 의한 살인으로 추정됩니다."

각 탐정은 각자의 주장을 펼치고 있다. 귀납적으로 추정하는 탐정과 연역적으로 추정하는 탐정이 있으나, 각자의 주장에 대한 논거가 명확하다는 공통점을 발견할 수 있다. 즉 보이는 현상만 제시한 게 아니라 그 현장이 의미하는 바를 주장형태로 제시한 것이다. 만약 주장이 제시되지 않았다면 어땠을까? 복잡하게 제시된 정보는 오히려 듣는이의 머릿속을 복잡하고 혼란스럽게 했을지도 모른다.

전달하고자 바가 명확한 글은 핵심주장만 읽어도 소통에 문제가 없다. 탐정들이 추론한 줄거리는 다음과 같다.

- 범인과 피해자는 서로 면식 관계이며,
- 범인은 왼손잡이이자 비흡연자이며 피해자에게 강력한 지배 관계에 있는 사람으로 추정됨
- 범인은 차를 마시고 피살자는 담배를 피우며 오랜 시간 함께 있었으며,
- 약물에 의한 살인으로 추정됨

앞서 5단계에서 정보·자료·아이디어 수집 활동을 진행하였다. 이제 작성자는 수집된 자료와 정보를 활용하여 수요자(상사)의 핵심 궁금사항에 대해 답변을 해야 할 것이다. 여기서 답변이란 보고서 상에 내용을 채워가는 것을 말한다.

보고서 작성에도 메지시가 명확해야 한다.

"여기서 당신이 하고 싶은 말이 뭐야!"
"복잡하게 내용은 많은데 '무엇이 문제인지, 무엇을 하겠다는 건지' 도무지 이해하기 어렵군!"

이러한 상사의 불만스런 목소리를 듣고 싶지 않다면 보고서 작성의 출발점인 스토리 라인을 먼저 생각하는 습관이 중요하다. 스토리 라인을 통해 작성되는 것이 주장 메시지(의견, 결론, 요약, 시사점)인 것이다. 스토리 라인을 작성하고 이를 뒷받침해 줄 수 있는 구체적인 자료(객관적 근거, 구체적인 방법)를 채워나가는 게 보고서 작성이다. 두괄식 표현이라고도 한다. 앞의 살해사건 현장에 비유하면, 사건에서 보이는 상황은 보고서의 수집한 객관적 자료와 정보이며 사건의 줄거리는 보고서의 스토리 라인이자 상위메시지인 것이다.

먼저 스토리 라인으로 자연스럽게 흐름을 잡은 후 '전체 흐름은 적절한지? 설득력은 있는지?'를 검토한다. 그리고 각각의 스토리 라인을 보고서의 상위 메시지로 작성하면 된다. 특히 복잡한 내용의 보고서를 작성할 때에는 두괄식 형태의 단락을 구성하는 습관은 매우 중요하다.

'저출산 해소방안'의 예를 들어보자.

Q1 : **(추진배경)** 왜 해소방안을 마련하고자 하는가?
(스토리 라인)
- 최근 O년부터 우리나라 출산율은 지속적 감소추세이며,
- OECD 평균보다 낮은 세계에서 하위권 수준임

Q2 : **(현황 및 문제점)** 출산율이 낮은 원인은? 우리의 문제점은 무엇인가?
(스토리 라인)
- 청년들의 인식변화로 1인 가구가 증가하는 추세이며,
- 양육비 부담으로 출산을 기피하는 분위기임
- 게다가 열악한 보육 환경으로 일과 육아의 양립이 어려운 현실

Q3 : **(방안)** 정책 의사결정권자들이 무엇을 어떻게 하면 되는가?

(스토리 라인)

- 저 출산 인식개선을 위한 홍보를 강화하고,
- 양육비 및 보육시설 확충을 위한 적극적 지원책을 마련하고
- 민관 합동 협의회를 구성하여 지역별 활성화 방안을 마련해야 함

Q4 : **(향후계획)** 실행력 확보를 위한 앞으로의 주요 계획은? 어떻게 관리해 나갈 것인가?

(스토리 라인)

- 민관 합동 협의회를 O까지 구성하며,
- 세부 추진계획을 O까지 마련/보고 예정임

Q5 : **(기대효과)** 성공적 시행을 통한 기대효과는?

(스토리 라인)

- 출산 및 육아에 대한 부담 해소로 일-가정이 양립하는 선진사회가 구현될 것이며,
- 출산율 증대로 미래 국가경쟁력 제고의 기반이 조성될 것으로 예상

이렇게 스토리라인을 먼저 작성해 보면 보고서의 내용과 논리가 한눈에 보인다. 구체적으로 어떤 자료가 필요하며 어디에 표현하면 될 것인지가 떠올라 보고서 작성에 자신감이 생기게 될 것이다.

Key Lesson Point

- 보고서에는 메시지(주장 · 의견, 결론, 요점, 요약, 시사점)가 있어야 한다.
- 스토리 라인을 생각하고 전체 흐름은 적절한지 설득력은 있는지를 검토하라.

[7단계] 내용을 채우고 완성한다

어쩌면 집을 짓는 과정이 보고서를 쓰는 과정과 비슷할지도 모른다.

먼저 설계도를 그리고 뼈대를 만들 것이다. 그 설계도가 보고서의 목차일 것이며 뼈대가 보고서의 스토리 라인이자 상위메시지가 될 것이다. 뼈대가 완성되면 필요한 재료를 구입하고 가공하여 집을 완성하듯이, 보고서의 스토리 라인을 뒷받침할 자료와 정보, 아이디어를 수집하여 마무리하면 된다.

'고객만족도 향상방안' 보고서를 살펴보자. 수요자들이 원하는 두괄식 형태로 작성하기 위해 상위메시지를 기술하였으며 이를 뒷받침하는 구체적인 내용이 채워지고 있다.

고객만족도 향상방안

Ⅰ. 추진배경

○ 최근 3년간 불만 고객이 지속 증가 추세

* ○○건(2월) → ○○건(4월) → ○○건(6월) → ○○건(8월)

○ 불만 고객은 고객 이탈의 이어져 매출 감소 우려

Ⅱ. 현황 및 문제점

○ 현장 직원의 고객응대 서비스 스킬 부족

- 구매고객과 비 구매 고객에 대한 차별적 응대태도가 지나침

  * 비 구매 고객으로 판단될 경우 배웅인사는 사라짐

- 단기 계약직(알바) 및 업체 파견직원에 대한 응대 만족도가 저조함

○ 불량 제품에 대한 관리 소홀

- 판매 후 불량제품에 대한 컴플레인이 꾸준히 나타나고 있음

  * 특히 품질에 민감한 의류(1Q : 35건)와 잡화(1Q : 28건)의 불량발생 빈도가 높음

- 입고 제품의 5%만 검수가 진행되고 있는 실정임

  * A경쟁사-50%, B경쟁사-25%, C경쟁사-10%

○ 고객 편의시설 열악

- 시설 노후화로 현 시설에 대한 이용 만족도는 매우 낮음

  * 주로 유아시설, 휴게공간에 대한 불만이 높음

- 노인 쇼핑인구는 증가하고 있으나 이에 대한 서비스 대응이 미흡함

Ⅲ. 대책(방안/추진과제)

○ 전 직원 고객지향 서비스 교육 실시

- (현장직원) 고객지향 사고 및 접점 별 응대스킬 교육
- (사무직원) 고객지향 사고 함양을 위한 공통교육

○ 제품 검수 확대를 통한 불량제품 판매 예방

- (검수팀) 브랜드 별 입고 시 제품검수 범위 확대(기존 10% → 50%)
- (판매팀) 제품 판매 전 전량에 대한 불량 여부 확인

○ 고객 편의시설 리모델링 및 확충

- (리모델링) O층 모유 · 유아 시설, 각 층별 휴게실
- (확충) 옥상 공원휴게실 설치, 각 층별 노인전용 의자 비치

Ⅳ. 향후 계획

○ 대책실행을 위한 관련부서 업무협의(~O/O)

○ 각 추진과제 별 실행계획 보고(~O/O)

내용을 채울 때 가독성 높은 문장표현은 보고서 작성에서 매우 중요하다. 상사들이 가장 강조하는 요소이자 작성자들이 가장 힘들어하는 부분이기도 하다. 한눈에 들어오는 문장표현 방법은 다음 장에서 별도로 다루도록 하자.

Revolution in Writing Communication!

Contents

제 4 장

표현력이 소통력이다

"목차는 창작의 대상이 아니며, 늘어지는 문장은 읽는 사람을 지치게 한다."

- 김 달 원(Ph. D.) -

제목은 보고서의 얼굴이다

딩동~ 메일이 도착했다. 나주임이 보낸 메일이다. 제목은 「팀장님~ 읽어 보세요~」"라고 작성되어 있다. 제목을 쳐다본 한팀장은 '점심시간에 재미난 인터넷 기사 하나 발견했나 보군!'라고 중얼거리곤 또다시 하던 일에 집중하였다.

잠시 후 나주임 동기인 정주임이 근심 어린 표정으로 다가와 "팀장님, 시간 되시면 커피 한잔하면서 저의 고민 상담 부탁드리겠습니다."라고 말한다. 마침 하던 일도 마무리되고 해서 한팀장은 정주임의 고민 상담을 위해 커피잔을 들고 함께 회의실로 들어갔다. 두 사람의 진지한 대화는 두 시간 정도 진행된 듯하다. 고민 상담을 마친 정주임은 한팀장의 조언이 흡족했는지 밝은 표정으로 회의실 문을 나섰다.

퇴근 시간이 다가오고 있다. '이젠 퇴근 준비를 해야지~'라고 생각하며 자리에 앉는 한팀상에게 나주임이 다급한 표정으로 다가와 말을 건넨다.

"한팀장님, 아까 급히 보내드린 메일을 아직 안 보신 것 같아서요. 지난 주 A기관에서 요청한 관계기관협의회가 내일 오전 10시인데, 참석 가능 여부를 17시까지 회신해 달라고 요청드린 내용이었습니다. 만약 한팀장님이 참석 불가하시다면, 송팀장님이 대신해서 참석하셔야 할 상황이라서요. 연락을 기다리던 송팀장님이 다소 화가 난 듯합니다. 방금 전화가 왔었는데 목소리가 거칠었습니다."

"(당황스런 표정으로) 나주임! 그렇게 중요한 메일을 보내면서 제목을 그렇게 쓰면 어떻게 해! '팀장님~ 읽어 보세요~'라는 제목을 보고 '급하고 중요한 사안이구나. 빨리 대응해야지'라는 생각이 들겠어? 오히려 재미난 인터넷 기사나 어떤 정보를 공유하는 줄 알고 '나중에 여유 있을 때 읽어봐야지'라고 생각하지 않겠어!"

"(앗!)죄송합니다. 저는 보다 친근한 느낌으로 팀장님께 메일을 전달하려고 했을 뿐인데…"

최근 전자문서가 일상화되고 있다. 과거 인쇄물을 보고하던 때와 달리 전자문서의 경우 제목을 가장 먼저 접하게 되며, 제목을 통해 무엇을 전하고자 하는지 급히 확인해야 할 사안인지를 판단하게 된다. 따라서 제목은 문서의 얼굴임을 인식하고 표현에 신중해야 한다.

제목도 역시 수요자 관점에서 작성해야 한다.

전체 내용을 함축적으로 담아 최종 수요자가 제목을 보고 내용에 대해 감을 잡을 수 있어야 한다. 이게 바로 제목의 역할이기 때문이다. 앞의 사례에서 제목을 '내일 관계기관협의회 참석 가능 여부 문의(17시 이전 회신 요망)'이라고 표현했다면 한팀장은 내용의 중요성과 시급성을 감안하여 정주임과의 면담을 미루고 자신과 관계된 업무나 일정을 검토한 후 17시 이전에 회신했을 것이다.

제목의 마지막 단어표현이 중요하다.

제목의 마지막 단어는 대게 주제에 관해 어떤 부분을 보고하는지를 내포하고 있기 때문이다. 예를 들어, '△△△이행률 개선'이라고 제목을 표기했다면 무엇을 담았는지 감을 잡기엔 역부족이다. 제목 표현이 포괄적이다. 수요자 입장에서 제목만 보면 '△△△이행률 <u>개선방안</u>' 보고서인지, '△△△이행률 <u>개선방안 및 추진계획</u>' 보고서인지, '△△△이행률 <u>개선 경과</u>' 보고서인지, '△△

△이행률 개선결과' 보고서인지를 알 수 없기 때문이다. '식목일 행사의 건'도 마찬가지다. '행사 계획서'인지, '행사 관련 협조 요청'사항인지, '행사 결과 보고서'인지를 명확히 이해할 수 없다.

종종 제목과 내용이 일치하지 않는 경우가 있다고 한다. 제목을 결정하기 전에 수요자가 제목을 통해 전체 내용과 범위에 대해 감을 잡을 수 있을지 다시 한번 확인하기 바란다.

Key Lesson Point

- 제목은 전체 내용의 함축된 표현으로 무엇을 담았는지 감을 잡을 수 있게 해 준다.

목차는 창작 대상이 아니다!

이메일이나 보고서의 제목이 잘못 표현된 사례도 있지만, 목차 표현이 적절치 않은 경우도 있다. 두 가지 측면에서다. 첫째, 목차는 가급적 주제와 관계없이 보고서에서 일반적으로 사용되는 용어로 표현해야 하는데 주제와 관계된 단어나 수식어가 불필요하게 많은 경우다. 둘째, 3단의 맥락적 흐름으로 완성되지 못해 완결성과 거리가 먼 경우다.

글은 쉽게 써야 한다고 말한다. 그 출발점이 목차라 할 수 있다. 자연스런 논리적 흐름을 갖추어야 하며 비전문가가 보더라도 무엇을 담고자 하였는지 쉽게 이해하고 선택적으로 볼 수 있도록 일반적인 용어로 표현해야 한다. 목차는 창작적 표현의 대상이 아니라 이미 형식에 가까운 정해진 용어가 있기 때문이다. 상사들은 보고서 제목을 보는 순간 보고서의 흐름을 예상하고 목차를 떠올린다. 그들은 실무자보다 훨씬 많은 보고서를 작성한 경험이 있으며, 검토자와 결재자 역할을 하면서 수없이 많은 보고서를 접하였다. 그 과정에서 주제에 맞는 목차를 떠올리는 경험적 노하우가 형성된 것이다. 따라서 작성자는 독자가 제목과 목차를 보고 무엇을 담았는지 빨리 파악하고 선택적으로 볼 수 있도록 도와야 한다.

A교육이 현업에 얼마나 도움되었는지를 묻는 설문을 실시한 후 그 결과보고서를 작성하였다. 보고서의 목차는 다음과 같았다.

A교육 효과성에 관한 설문결과

1. 목적
2. 설문결과
3. 분석결과

※ 붙임 현업적용도 분석 결과

너무나 황당한 목차였다. 여기서 '설문결과'는 무엇이고 '분석결과'는 무엇이란 말인가? 도대체 감을 잡을 수 없도록 표현된 목차다. 또한, 경험이 많은 상사들의 눈으로 바라보면 완결성 또한 위배 된다. 예를 들어 Closing이 없다. 3단의 맥락적 흐름을 갖추지 못하고 있다는 뜻이다.

앞에서 배운 수요자의 궁금사항을 생각하고 목차를 구성하는 방식을 적용하면 다음과 같다.

"A교육이 현업에 얼마나 도움되었는지 설문을 했는데 그 결과를 보고 드리고자 합니다."

Q1 : 설문은 왜 하게 되었는가?
Q2 : 설문 참가자/대상자은? 몇 명?
Q3 : 설문기간은?
Q4 : 설문방법은?
Q5 : 설문의 주요 내용은?
Q6 : 그래, 설문결과는?
Q7 : 설문결과가 시사하는 바는?
Q8 : 앞으로 우리가 해야 할 일은?

이렇게 수요자의 핵심 궁금사항을 생각하고 이를 목차로 전환하면 다음과 같은 구조로 보고서 틀을 갖추게 된다.

A교육 효과성에 관한 설문결과

1. 목적
2. 설문개요
   가. 기간 :
   나. 대상 :
   다. 방법 :
   라. 주요내용 :
3. 설문결과 및 시사점
4. 향후계획

전체 흐름이 자연스럽다. 목차를 유심히 보면 3단 기법(Intro - Body - Closing)으로 전개되었으며 일반적인 단어로 표현되어 전체 맥락을 파악하기 용이하다. 더군다나 비전문가나 다른 이해관계부서에서 보더라도 무엇을 전달하고자 하는지를 이해하기 쉽다. '아~ 목적을 말하고 있구나', '개략적 요약을 말하고 있구나', '결과 및 시사점을 말하고 있구나', '향후 계획을 말하고 있구나' 등으로 구성 내용을 쉽게 파악하여 선택적으로도 볼 수 있다.

또 하나의 목차 사례를 살펴보자. 무엇이 문제일까?

청렴문화 정착을 위한 ○○년 청렴교육 활성화 방안

1. 추진배경
2. 전직원 사이버 교육 이수

3. 기관별 자체 청렴 교육
4. 고위공직자 청렴 집합 교육
5. 행정사항

이 목차로만 봤을 때는 이 보고서에서 무엇을 말하고자 하는지 파악하기 힘들다. 그간 경과를 말하는 것인지 앞으로 할 내용을 말하고자 하는 것인지가 모호하다. 또한, 목차가 내용 중심으로 표현되어 복잡하다. 이미 익숙하여 형식에 가까운 일반적인 목차 용어로 표현되지 않았기 때문이다. 주제나 제목과 관계된 용어가 목차에 자주 등장한다면 의심해 봐야 한다.

내용의 흐름을 쉽게 전개하면 다음과 같다.

청렴문화 정착을 위한 ○○년 청렴교육 활성화 방안

1. 추진배경
2. 추진경과
3. 문제점
4. 활성화 방안
5. 향후계획

무엇을 전달하고자 하는지 이해하기 쉬워 선택적으로 읽어 볼 수 있다. 또한, 3단의 맥락적 흐름으로 구성되어 전달이 자연스럽다. 보고문서는 현재 작성자나 보고받는 사람도 볼 수 있지만, 이해관계자나 비전문가도 볼 수 있다는 사실을 잊어서는 안 된다. 누가 보더라도 흐름을 파악할 수 있는 일반적인 용어로 목차를 표현해야 한다.

다음은 2장에서 언급된 사례다.

OOO시 전통시장 활성화를 위한 추진계획

1. 전통시장 활성화 배경
2. 경제 규모 및 경제활동 현황
3. OOO시 전통시장 현황
4. 전통시장 이용 저해 원인 등
5. 전통시장 활성화를 위한 추진 방안
6. 소요예산
7. 기대효과

위 사례를 독자 관점에서 수정하면 다음과 같다.

OOO시 전통시장 활성화를 위한 추진계획

1. 추진배경
2. (관련)현황
3. 문제점
4. 활성화 방안 or 추진방향
5. 세부추진계획
6. 소요예산
7. 기대효과

Key Lesson Point

- 목차는 일반적인 용어로 쉽게 표현하라.
- 목차는 쉽게 이해할 수 있는 문서작성의 출발점이다.

문장의 가독성을 높여라

'사람의 지혜가 깊으면 깊을수록 생각을 나타내는 말은 단순해진다'라는 톨스토이의 명언이 떠오른다. 많은 말을 해도 하품만 나오는 사람이 있듯이, 문장 내용이 장황하고 눈에 들어오지 않아 실속 없는 경우가 많다. 이런 보고서에 대한 반응은 주로 다음과 같다.

"읽고 싶은 생각이 들지 않는다"
"무엇을 말하고자 하는지 알 수 없다"
"주장이 명확하지 않다"
"읽어도 머릿속에 남는 게 없다"
"군더더기가 지나치게 많다"
"숨이 막힌다"
"보고서에 정성이 느껴지질 않는다"
"혼을 담는 노력이 필요하다"

보고서의 생명은 명확성이며 최고의 미덕은 간결성이다!

보고서의 생명은 명확성이며 최고의 미덕은 간결성임을 잊지 말아야 한다.

명확성이란, 말하고자 하는 바가 명확하게 제시되어야 한다는 의미다. 명확성을 높이기 위해서는 모호한 용어보다는 구체적인 내용과 상황을 담도록 노력해야 한다. 또한, 나열식보다는 두괄식 문장구성을 통해 자신의 주장을 명확히 제시하도록 노력해야 한다.

간결성이란 군더더기를 최소화하고 기호 등을 활용하여 문장이 길지 않게 한눈에 들어오도록 표현해야 한다는 의미다. 보고서나 기안문 작성에서는 간결한 문장표현을 위해 개조식이란 표현을 즐겨 쓰고 있다.

장황한 서술식이냐? 간결한 개조식이냐?

어떤 글을 쓸 때는, 먼저 서술식으로 쓸 것인지 개조식으로 쓸 것인지를 생각해야 한다. 서술식은 전달하고자 하는 내용을 자세하게 풀어서 말하거나 적는 방식이며, 개조식은 요점 위주의 단문 형태로 표현하는 방식이다. 상황에 따라 선택적으로 사용하면 된다. 다만, 조직에서 기안문이나 보고서를 작성할 때는 전달 효과성을 강조하는 만큼 군더더기를 없앤 개조식(個낱개, 條가지조)이 강조되고 있다. 국립국어원에서는 개조식을 '글을 쓸 때, 앞에 번호를 붙여 가며 짧게 끊어서 중요한 요점이나 단어를 나열하는 방식'이라 정의하였다. 즉, 항목기호를 붙여 단문 형태로 표현한 문장을 개조식 문장이라 한다.

"엄마, 정현이가 오늘 짜증났을 거야….
이번 시험에서 정현이가 수학을 망쳤나 봐~ 근데 은영이는 수학시험을 잘 봤어~ 그렇다고 자랑을 하면 안 되잖아~ 은영이가 정현이 앞에서 100점이라고 자랑을 하지 뭐야…. 옆에 있던 나도 당황스러웠어. 자기 시험 잘 봤다고 친구 생각은 안 하고 은영이가 잘못한 거지…. 잠시 후 선생님이 교실에 와서는 은영이를 칭찬까지 하는 거야…. 그렇지 않아도 속상한데 정현이는 더 속이 상했던 거지…. 게다가 오늘 청소 당번이라 청소까지 하고 집으로 가야 했잖아! 오늘 미술 수업이 있어서 청소할게 너무 많았는데 말이야…"

아이가 방과 후 엄마에게 학교 일과를 전하는 모습이다. 아이와 엄마의 대화는 내용전달의 목적도 있지만 친숙한 관계의 표현이거나 이를 더 발전시키기 위해 활용되는 수단 중의 하나다. 이럴 경우는 서술식으로 내용을 기술해야 한다. 만약에 아이가 엄마에게 다음과 같이 말한다고 상상해 보자.

"엄마, 정현이는 오늘 짜증나는 하루였어. 그 이유를 말해 줄게.

첫째, 수학시험 잘 본 은영이가 정현이 앞에서 자랑했어.

둘째, 선생님이 정현이 앞에서 은영이 수학 성적을 칭찬했어.

셋째, 게다가 오늘 청소 당번이라 미술수업으로 지저분한 교실 청소까지 해야 했어.

그래서 정현이는 오늘 하루가 힘들었을 거야.

느낌이 어떤가? 인간미가 느껴지는가? 대화를 지속하고 싶은 욕구가 생기는가? 하지만 짧은 시간에 요점 전달력은 높다. 바로 이것이 문제다. 시간과 여유를 가지고 한동안 지속되어야 할 대화가 너무 빨리 끝난 것이다. 엄마와 아이의 대화는 특별한 목적 없이도 서로의 생각과 마음을 터놓고 이야기하는 대화 그 자체에 의미가 있는 것이다. 관계를 목적으로 하는 친구 간이나 연인 관계도 마찬가지일 것이다. 이럴 경우는 핵심내용만 전달하는 개조식보다는 다소 군더더기가 있고 상황묘사에 충실하고 자신의 느낌과 감정을 가미하여 인간미 넘치고 재미있는 서술식 문장 표현이 좋을 것이다.

조직 내 상사와 부하 간의 관계는 어떠한가? '제 아무리 훌륭한 상사도 휴가 간 상사만 못하다'는 우스갯소리만 보더라도 둘 간의 관계는 충분히 이해할 수 있다. 보고서는 왜 작성하는가? 인간적인 친숙감을 다지기 위해 보고서를 작성하는 게 아니라 어떤 내용을 효과적으로 전달하거나 전달내용을 토대로 상사의 효율적 의사결정을 돕기 위해 작성하는 것이다. 그래서 기안문이나 보고서는 간결한 개조식으로 작성해야 하는 것이다. 핵심 내용이 빨리 전달될 수 있도록 말이다.

늘어지는 문장은 독자를 지치게 한다

가로수 휘날리던 5월쯤으로 기억한다. 서울 지하철 2호선 선릉역 플랫폼에 들어서는 순간 벽에 부착된 안내문이 눈에 들어왔다. 내용을 훑어보면서 나는 깊은 생각에 잠겼다. '뭔가 이상하다. 승차권이 폐지된다. 발매기 사용이 불가하다. 그래서 무슨 말이 하고 싶은 걸까?'라며 머리만 점점 복잡해 졌다.

- 안 내 문 -

승차권 자동발매기 사용에 관한 안내 말씀드리겠습니다.

서울특별시 9호선(○○년 5월) 및 경의선(○○년 6월) 전철개통 시 종이승차권은 폐지되고, 교통카드 시스템을 일원화함에 따라, KORAIL에서는 타 운송기관과의 호환사용을 위하여 역에 설치된 자동발매기 일체를 교통카드전용으로 개량하게 됩니다.

개량공사 중에는 승차권 자동발매기 사용이 불가하오니 이점 양지하여 주시고, 매표창구를 이용하여 주시기 바랍니다.

이용에 불편을 드려서 대단히 죄송합니다.

위 안내문의 핵심 메시지는 무엇일까? '승차권 자동발매기를 한동안 사용할 수 없게 되므로 그동안은 매표창구를 이용해 달라'로 볼 수 있다. 그런데 왜 전달메시지를 파악하기 힘들었을까? 그 이유는 불필요한 수식어가 많아 문장이 늘어지고 전체 내용이 복잡하게 구성되었기 때문이다.

늘어지는 문장은 읽는 사람을 지치게 하고 내용 전달력을 떨어뜨린다.

앞에서 배웠던 보고서 작성 절차를 활용해 보자. 독자(시민)의 핵심 궁금사항을 도출하고 문서의 범위와 스토리 라인을 작성해 보자.

"안내 드리겠습니다."

Q1 : 안내사항이 뭔가요?

"네, 자동발매기를 한동안 사용할 수 없게 된다는 내용입니다."

Q2 : 왜요?

"9호선 및 경의선 개통 시 종이승차권이 폐지되고 교통카드로 일원화됨에 따라 KORAIL에서도 타 운송기관과의 호환사용을 위하여 설치된 자동발매기 일체를 교통카드 전용으로 개량해야 하기 때문입니다."

Q3 : 언제부터 언제까지요?

"O부터 O까지 입니다."

Q4 : 그럼 그동안 어떻게 이용하지요?

"네, 매표창구를 이용하시면 됩니다. 불편을 드려 죄송합니다."

독자의 핵심 궁금사항을 도출하여 문서의 범위를 결정하였고, 그에 대한 스토리 라인을 기술하였다. 자료를 토대로 간결한 개조식으로 작성해 보자.

개조식의 사전적 의미대로 조목이나 항목별로 나눠서 단문으로 작성하면 된다. 앞에서 언급된 6W3H 관점에서 작성한다면 완결성을 추구하는 데 도움이 될 것이다.

- 안 내 문 -

승차권 자동발매기 일시 사용중지 안내

- 사유 : 타 운송기관간의 승차권 호환사용을 위해 KORAIL 자동발매기 개량공사 실시(공사 前 : 종이승차권 → 공사 後 : 교통카드)

  ※ 서울특별시 9호선 및 경의선 개통 시 승차권 사용방식 일원화 계획

- **공사기간 : O월 O일~O월 O일 까지**

- 협조사항 : 공사 중에는 **매표창구 이용** 바람

- 불편을 끼쳐드려 죄송합니다. -

2호선 □□역장 백

발신 : 김팀장

수신 : 송주임

제목 : 상담직 업무실태 파악 요청

최근 상담업무 담당자들이 과중한 업무로 힘들어 한다는 이슈가 제기되고 있는 바, 상담직 업무실태를 파악해서 내일 오전까지 나에게 보고 할 것!

발신 : 송주임

수신 : 김팀장

제목 : 상담직 업무 실태보고

팀장님, 상담직 업무실태를 보고 드립니다.

최근 고령화 사회로 접어들면서 어르신 민원 상담건수가 전년 대비 17% 증가하였고 상담 내용도 더 전문적이고 구체화되면서 소요시간도 전년 대비 평균 20초 길어졌다고 합니다. 그리고 오늘 날짜를 기준으로 우리 기관의 상담직 400명 중 73,7%(291명)가 여성입니다. 그 결과 상담직에서는 출산 및 육아 휴직이 많이 발생하고 있습니다. 실제로 우리 기관 전체 육아 휴직자 55명 중에서 상담직이 절반가량인 27명을 차지하고 있습니다. 이러한 현재 상황으로 인해, 민원센터에 근무 중인 상담원의 인당 상담 건수는 2020년 240건(월), 2021년 280건, 2022년 338건으로 증가하고 있으며 상담사들의 피로도를 가중시키고 있습니다. 이 상황이 지속될 경우 상담품질은 떨어지고 민원이 증가할 것으로 우려됩니다. 이에 상담직원의 일 · 가정 양립을 지원하고 상담서비스의 품질관리를 위해 조직 차원의 대책 마련이 시급한 상황이라 판단됩니다. 끝.

발신 : 김팀장

수신 : 송주임

제목 : RE : 상담직 업무실태 보고

"이게 무슨 말이야! 한눈에 들어오게 다시 작성해서 보내!"

발신 : 송주임

수신 : 김팀장

제목 : RE : RE : 상담직 업무실태 및 시사점 보고

1. 현황

○ 센터 상담원의 상담 업무량 지속 증가 추세(2년전 대비 약 100건 증가)

* 상담 건수(월, 인당) : 240건(2000) → 280건(2001) → 338건(2002)

○ 과중한 업무로 상담원의 업무 피로도 증가, 상담품질 저하 우려

2. 주요 원인/문제점

○ 고령화 사회로 어르신 민원상담 건수 증가(전년 대비 17%)

- 상담 내용도 전문화 및 구체화로 상담 소요시간 지연(전년 대비 건당 20초 증가)

○ 여성 상담사 비중이 높아(73%) 출산 및 육아 휴직 증가

- 전체 육아 휴직자(55명) 중, 상담직이 절반가량 차지(27명)

* 근로기준법(제74조)에 따라 출산 휴가는 법정휴가로 시행 중(90일~120일)

3. 시사점

○ 상담직원의 일 · 가정 양립 지원 및 상담서비스 품질관리를 위한 대책 마련 시급. 끝.

마지막 보고 내용은 김팀장이 칭찬할 만하다. 상사가 알고 싶은 핵심내용을 간결한 문장으로 표현하여 가독성을 높였다. 또한 '현황'에서 팀장이 들었던 이슈 증상을 객관적 근거로 구체화하였으며 구체적 원인과 어떻게 해야 할지에 대한 의견으로 마무리했기 때문이다. 논리 흐름도 자연스럽다. '문제제기 - 원인분석 - 시사점'으로 구성되어 기승전결의 자연스러움이 느껴진다. Intro(현황) - Body(주요원인/문제점) - Closing(시사점)의 3단 흐름으로 보고서의 균형도 갖추었다.

구체적인 대책이 없다는 것에 의아해하는 사람도 있을 것이다.

상사가 실태를 빨리 파악해서 보고하라고 했으므로 대책보고서가 아니라 실태보고서를 작성해서 보고해야 한다. 구체적인 대책을 제시하느라 시간을 소비해서는 안 된다. 간단한 의견과 향후계획으로 마무리해서 신속히 보고해야 한다. 만약 대책보고서라면 '현황 → 문제점(주요원인) → 대책/해결방안 → 향후계획'이 목차의 예시가 될 수 있다.

함축적 표현을 고려하되 중복은 피하라

간결한 개조식 표현을 위한 또 하나의 요령은 늘어지는 문장을 함축적으로 표현하는 것이다. 함축적으로 표현하면 문장의 길이가 짧아져 독자의 인지 범위를 넓혀 줄 수 있다.

가장 먼저 접종할 대상	⇨ **우선 접종 대상**
정해진 시간보다 늦게 출근하는 사태와 관련	⇨ **지각사태 관련**
이용자가 보다 편리하게 이용할 수 있도록 함	⇨ **이용자 편의성 제고**
반도체 매출의 회복이 어려울 것으로 예상됨	⇨ **반도체 매출 회복 불투명**
점검 업무의 질이 저하되어	⇨ **부실 점검으로**

'가장 먼저'를 '우선'으로, '정해진 시간보다 늦게 출근하는'을 '지각', '보다 편리하게 이용할 수 있도록 함'을 '편의성 제고', '어려울 것으로 예상됨'을 '불투명'으로 함축하여 표현할 수 있다.

중복어나 중복의미 또한 글을 늘어지게 하는 요인이다. 비슷비슷한 내용이 중복적으로 나오면 성의가 없어 보이며 읽고 싶지 않다. 중복어나 중복의미는 제거하거나 어휘를 수정하는 방향으로 고민해 봐야 한다.

무슨 일이 있어도 절대로 잊어선 안 된다. ⇨ **절대로 잊어선 안 된다.**

얼굴 표정이 밝다. ⇨ **표정이 밝다.**

카드 적립 포인트 증가 및 이용자 증가 ⇨ **카드 적립 포인트 및 이용자 증가**

다양한 프로그램 운영 및 통합센터 운영 방안 ⇨ **다양한 프로그램 운영 및 통합센터 추진 방안**

'무슨 일이 있어도'와 '절대로'는 중복의미로 하나를 제거하면 된다. '얼굴'은 '표정'에 그 의미가 포함되어 있다. '증가'가 중복적으로 나타나므로 하나를 제거하면 된다. '운영'이 반복적으로 등장하므로 '통합센터 운영'을 '통합센터 추진'으로 수정하여 적절성 여부를 판단해 보는 것도 좋은 접근이다.

간결한 개조식의 장점은 무엇인가?

한눈에 내용의 전체를 파악할 수 있다.

앞의 서술식 안내문과 간결한 개조식 안내문 사례를 비교해 보라. 상대적으로 어느 것이 한눈에 들어오는가? 당연히 항목기호를 활용하여 단문으로 표현된 개조식 안내문이 전체를 한눈에 파악하기 쉬울 것이다.

요점을 빨리 파악할 수 있다.

서술식 문장은 읽어봐도 핵심을 파악하기 힘들다. 그러나 간결한 개조식으로 작성된 안내문을 보면 요점이 무엇인지 빨리 파악할 수 있다.

읽는 이의 관심사항만 찾아서 읽을 수 있다.

보는 이에 따라 관심사항이 다소 다를 수 있다. 안내문을 보는 지하철 이용객 중에는 '왜 공사를 하게 되었는지?'가 궁금한 이가 있을 것이며, '공사 기간'만 궁금한 이용객도 있을 것이다. 혹은 '앞으로 어떻게 하라는 거야?'만 궁금한 지하철 이용객도 있을 것이다. 어떤 이용객이든 간에 개조식으로 제시된 안내문을 본다면 자신이 보고 싶은 내용만 선택해서 볼 수 있을 것이다.

의미 전달이 빠르고 분명하다.

한눈에 전체를 파악할 수 있고 요점을 빨리 파악할 수 있으며 자신의 관심 사항만 찾아볼 수 있어 서술식보다는 의미 전달이 훨씬 빠름은 당연할 것이다.

다시 확인하고 싶은 부분을 쉽게 찾을 수 있다.

보고 받는 사람이든 일반 수신자이든 언제든지 재확인하고 싶은 내용이 있으면 문서를 다시 보게 된다. 이때 개조식으로 작성된 문서는 독자가 보고 싶은 내용만 찾아볼 수 있는 장점이 있다.

빠진 항목이 없는지를 쉽게 확인할 수 있다.

완결성을 갖춘 문서의 출발점은 6W3H이며 독자의 핵심 궁금사항도 그 범주에서 나오게 된다. 개조식의 경우, 전체가 한눈에 들어오므로 독자들은 자신의 궁금사항에서 빠진 게 없는지, 논리적으로 누락은 없는지를 쉽게 파악할 수 있다.

간결한 개조식은 2가지로 표현될 수 있다

가독성 높은 간결한 개조식 문장표현 방법은 크게 두 가지로 나눠볼 수 있다. 내용이나 문서의 구조적 상황을 고려하여 선택적으로 활용하면 된다. 짧은 문장이나 글의 형태로 작성된 단문형(短文形) 개조식과 독자의 이해도를 높이기 위해 50글자 내외로 다소 풀어서 작성하는 설명형(說明形) 개조식이 있다.

단문형 개조식은 주로 한가지 의미를 담고 있으며 짧은 문장이나 글의 형태로 제시된다. 문장이 한눈에 들어와 내용을 빨리 파악하고 선택적으로 볼 수 있다.

- ○ 기 간: 2025. 2. 3.(화)~2. 18.(수) <15일간>
- ○ 대 상: 시정발전 공로자 및 시책 추진을 위한 협력자
- ○ 추천기관: 전 부서 및 시 산하기관
- ○ 추전방법: 명예시민 대상자 추천서 제출

한편, 어떤 내용을 설명하여 전달해야 할 경우는 수식어를 활용하여 풀어서 작성한다. 즉 명사 등의 단어로만 전달하기에는 한계가 있는 내용이기에 옆 사람에게 설명하듯 표현해야 전달이 잘 된다. 저자는 이를 설명형 개조식이라 정의한다. 한 문장은 30~50자가 적당하며 길어도 60자가 넘지 않도록 구성하여 1~2줄에서 길어도 3줄 이내로 마무리되어야 한다.

○ 해외 수요에 대응할 수 있는 **적극적 협력체계 미흡**

- 해외에서 우리 콘텐츠에 대한 수요가 높아지고 있지만, 투자 위험, 불법 복제 피해 등을 우려해 기업들의 해외투자는 부정적
- 또한, 콘텐츠 산업의 국제협력 및 해외시장 진출 촉진을 위한 정책사업 부재

말 잘하는 사람은 다양한 미사여구 등의 수식어나 접속어를 활용하여 문장을 꾸민다. 듣는이의 집중력을 높이고 내용 전달력이 좋아지기 때문이다. 간단하게 표현할 수 있는 내용을 주절주절 늘어놓는 경우도 적지 않다. 하지만, 바쁜 일정 속에 정보를 전달하고 의사결정을 하기 위해 작성하는 조직 내 보고문서는 달리 생각해야 한다. 불필요한 어휘가 나오거나 복잡하게 표현해 무슨 말인지 이해하기 어렵다면 글로서의 가치가 떨어진다. 군더더기가 많거나 중언부언하여 복잡한 글은 경제성의 원리에도 어긋난다. 간단명료하게 작성하는 것이 좋은 문장을 만드는 첫 번째 비결이다.

인간의 인식체계를 고려하라

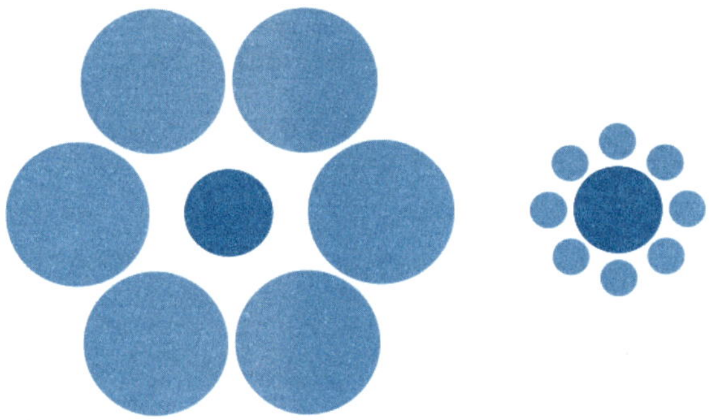

❙ 에빙하우스 착시(Ebbinghaus illusion) ❙

먼저 위쪽 그림의 왼쪽과 오른쪽의 가운데 원은 크기가 같아 보이는가? 다르게 보이는가? 만약 다르다면 어느 쪽 원이 더 크게 보이는가? 오른쪽 그림 속의 원이 더 크게 보일 것이다. 하지만 두 원은 같은 크기지만 바깥쪽 원의 영향을 받아 크기가 다르게 보일 뿐이다. 독일의 실험심리학자인 헤르만 에빙하우스가 발견한 착시현상이다.

아래 그림에서 어느 쪽 괴물이 더 크게 보이는가? 왼쪽 괴물인가? 오른쪽 괴물인가? 오른쪽 괴물이 더 크게 보일 것이다. 사실은 두 괴물의 크기는 동일하다. 주변의 사선들로 인해 착시가 생긴 것이다. 이탈리아 심리학자 마리오 폰조(Mario Ponzo)가 발견한 착시현상이다.

❙ 폰조 착시(Ponzo illusion)의 일종 ❙

이렇듯 인간의 인지체계는 사물을 인식할 때 주변의 영향을 받게 된다. 보고서를 작성할 때에도 특정 구나 절을 강조하고 싶거나 독자의 시선을 끌고 싶다면 주변의 것과 차이나게 하는 방식을 활용해 보도록 하자.

인식의 속도가 가독성이다

가끔 인간의 인지체계란 놈은 참으로 욕심이 많다. 착각도 서슴없다. 비슷한 것들이 보이면 하나로 인식하고 한 번에 모두를 삼키고자 한다. 과식했으니 소화될 리가 없다.

이를 문장 표현방법에 연결하여 이해해 보자. 하나의 단락에서 상위메시지와 뒷받침 내용, 괄호 속 내용, 참고자료 등을 모두 동일한 폰트로 표현할 경우, 독자의 인식체계는 그 전체가 한눈에 들어오게 된다. 그 많은 내용이 동시에 눈에 들어오니 이해도는 높을 리가 없다. "눈에 들어오지 않는다! 무슨 말인지 이해가 안 간다."라고 독자는 말한다. 문장과 문장, 구(절)와 구(절)간에 상호 오염작용이 발생한 것이다. 따라서 작성자는 독자가 상위메시지와 뒷받침 내용을 구분하고, 본문과 참고자료를 구분하고, 키워드와 수식어를 구분하여 서로를 다르게 인식할 수 있도록 작성해야 한다.

□ 최근 **청년 미취업자의 지속적 증가**로 인한 **취업 대기 인력 급증**

- ㅇ 청년 실업률은 전체 실업률의 2배 이상으로 나타났으며 일할 의사와 능력을 갖춘 취업대기인력 급증
  - * 청년실업률 2011년 7.6%(전체 실업률 3.4%에 비해 2배 수준)
  - * 비경제활동인구 중 취업준비생과 취업대기인력 40,492명('04) → 82,258명('11)

전달력 높은 간결한 개조식 문장은 철저히 독자의 가독성을 고려하여 작성되었음을 알 수 있다.

글머리표를 활용하여 항목 구분이 쉬우며 상위메시지와 뒷받침 내용이 따로 눈에 들어온다. 글자체도 독자의 인지적 특성을 고려하여 항목 수준에 따라 구분하였다. 수식어 대신에 괄호나 화살표를 활용하여 문장을 간결하게 표현하였다. 특히 중심 문장 속의 괄호는 추가정보이므로 본 문장과 폰트를 달리 적용한다. 참고사항은 *, ※ 등으로 표기하여 핵심 메시지와 구분하여 읽을 수 있도록 하였다. 문장의 서두에 중심어를 먼저 제시하여 무엇을 제시하고자 하는지를 알 수 있도록 하여 이해도와 전달력을 높였다.

□ **(중견 · 중소기업) 괜찮은 중소기업**을 만들기 위해 **주거시설, 문화 · 보육시설, 교통편의** 등 **<u>각 부처 정책의 패키지 지원방식 도입</u>***

* '숙련 · 보상 · 정보 불일치' 해소를 위한 중소기업 인력수급 미스매치 해소대책('13.10)

□ **(공공부문)** 공공기관에 대해 **한시적**(2014~2016)으로 **정원의 3% 이상**을 청년으로 고용하도록 **의무화**('13.5월 「청년고용촉진특별법」 개정)

□ **(사회적 기업)** 사회적 가치를 추구하는 **청년 사회적 기업가 양성**(350팀)

문서작성에 필요한 자료를 수집하면 대체로 서술된 자료들이다. 장황한 서술식이 어떤 절차를 통해 간결한 개조식 문장으로 탄생하는지 살펴보자.

① 전체 내용 중에서 중요하고 핵심적인 키워드(단어, 구, 절)를 선택한다.

늘어지는 문장, 중언부언, 부연설명 등은 오히려 내용 전달력을 떨어뜨리기 때문이다.

정부는 우선 접종 권장 대상자로 3600만 명을 추렸다. 이번 조치는 전 국민에게 동시 백신 접종이 불가하므로 불가피한 선택이라고 말했다. 가장 먼저 맞을 사람은 노인, 집단시설 거주자, 만성질환자 등 코로나19 취약계층(약 1200만 명)과 보건의료인 등 사회 필수서비스 인력이다. 사회 필수서비스 인력은 우리나라가 펜데믹 공포에서 벗어나기 위해 투입해야 할 핵심자원이기 때문이다. 사회 필수서비스 인력에는 의료기관 종사자, 요양 시설 · 재가복지시설 종사자, 경찰 · 소방공무원, 군인 등이 포함될 것으로 보인다(약 2400만 명). 일반적인 백신 우선 접종자로 꼽히는 어린이 · 청소년은 우선 접종대상에서 빠졌다. 복지부 임 국장은 "대부분의 코로나19 백신이 고령층은 임상시험 대상에 포함시켰고, 어린이 · 청소년을 대상으로는 임상시험을 진행하지 않았다.

② 선택한 키워드를 활용하여 문맥 흐름을 구성하되 내용을 길게 풀어서 표현하지 않고 조목이나 항목별로 표현한다.

우선 접종 권장 대상자로 노인, 집단시설 거주자, 만성질환자 등 코로나19 취약계층(약 1200만 명)과 보건의료인 등 사회 필수서비스 인력이다. 약 3600만 명이다.

사회 필수서비스 인력에는 의료기관 종사자, 요양 시설 · 재가복지시설 종사자, 경찰 · 소방공무원, 군인 등이 포함될 것으로 보인다(약 2400만 명).

우선 접종자로 꼽히는 어린이 · 청소년은 우선 접종대상에서 빠졌다. 대부분의 코로나19 백신 임상시험이 고령층 중심으로 실시되었기 때문이다.

③ 글머리표를 활용하여 핵심 메시지와 뒷받침 내용을 구분하여 구조화한다.

작성하고자 하는 내용을 둘 이상의 항목으로 구분하고자 할 때에는 특수기호(□, ○, -, • 등)를 글머리표로 활용하여 항목 구분을 해 주면 좋다. 독자의 인지력에 도움이 된다. 둘째 항목부터는 상위 항목위치에서 오른쪽으로 2타씩 옮겨 시작하면 된다.

④ 간결한 개조식으로 표현한다.

불필요한 수식어 등 문장 속 군더더기를 제거하고 수식어를 절제하며 기호를 활용하여 간결한 명사나 명사형의 개조식 문장으로 표현한다. 개조식 문장 속에서도 핵심 내용(구, 절)은 글자체를 굵게 하거나 밑줄로 강조하여 가독성과 전달력을 높이도록 한다. 참고자료는 *, ※ 등의 글머리표를 활용하고 폰트의 종류나 크기를 조절하여 독자의 가독성에 도움을 주면 좋다. 참고자료 내용이 많은 경우는 박스에 담아 본문의 주 내용과 구분하여 이해하도록 돕는 게 일반적이다.

ㅇ 우선 접종권장 대상자로 **취약 계층** 및 **사회 필수서비스 인력 선정(약 3600만 명)**
 - 코로나19 취약계층 : 노인, 집단시설 거주자, 만성질환자 등(약 1200만 명)
 - 사회 필수서비스 인력 : 의료기관 종사자, 요양 시설 · 재가복지시설 종사자, 경찰 · 소방공무원, 군인 등(약 2400만 명)
 * 어린이 · 청소년은 우선 접종 대상 제외(대부분 백신 임상시험이 고령층 대상 실시)

Key Lesson Point

- 불필요한 수식어, 중복의미 등의 군더더기를 정리하여 문장을 간결하게 구성하라.
- 문장 위치에 따라 글자체를 달리하고 기호 등을 활용하여 가독성을 높여라.

내용만 담지 말고 메시지를 전하라

지원팀에 근무하는 왕주임은 팀장님의 지시로 분기별 점검업무 실태를 분석하여 보고서를 작성하였다. '현황'을 시작으로 깔끔하게 정리된 보고서를 팀장님께 보고하였다.

점검업무 실태 보고

Ⅰ. 현황

구분	1사분기	2사분기	3사분기	4사분기
점검 건수	30,120	30,093	30,115	30,122
점검자	95	92	88	85
1인당 점검 건수	317	327	342	354
재 위반 건수	28	32	38	42

자료를 보던 팀장은 표정이 굳어지기 시작했다.

"왕주임! 이게 뭐야! 자료정리만 한 거야? 현황을 분석하라고 했잖아! 현황이 도대체 어떻다는 거야!"

"아~ 네. 상반기 대비 점검 건수는 비슷한데 점검 담당자는 줄었습니다. 그리고 1인당 점검 건수와 점검 후 재위반 건수도 늘었습니다."

"왕주임, 내용만 보고하지 말고, 메시지를 담아서 보고해야지. 분석을 했으면 결론이 있을 것 아냐! 현황분석을 통해 얻은 결론이 뭐냐고? 어떤 시사점을 얻었냐고?"

"제 생각엔, 점검인력이 줄어들다 보니 1인당 업무량이 늘어났고 그 결과 점검이 제대로 진행되지 않아 재위반 건수가 증가한 것으로 보입니다."

"바로 그게 메시지야. 그걸 적어서 다시 보내 줘!"

왕주임은 고민 끝에 다음과 같이 수정해서 팀장에게 송부했다.

상반기 점검업무 실태 보고

Ⅰ. 현황(○○년)

• 지속적인 **점검인력 감소**로 **1인당 업무량 · 재위반 건수 증가** 추세

구분	1사분기	2사분기	3사분기	4사분기
점검 건수	30,120	30,093	30,115	30,122
점검인력(명)	95	92	88	85
1인당 점검 건수	317	327	342	354
재 위반 건수	28	32	38	42

현상이나 문제점을 분석하여 보고할 때에는 메시지가 중요하다. 보고서에서 핵심메시지란 무엇인가?

흔히 상사들은 요지나 요점이라 표현하고 있으며 요약*Summary*, 주장 · 의견*Opinion*, 종합*Total*, 시사점*Implication*, 결론*Conclusion* 등을 말한다. 이러한 요소들이 어우러져 핵심메시지로 작성될 수 있다.

장기복무 제대군인 취업률 증대방안

Ⅰ. 취업 현황

◦ 최근 3년간 제대군인(10년 이상 장기복무) 취업률은 지속적인 감소추세

구분	총 계	2002년	2003년	2004년
전역자(명)	9,424	3,056	3,326	3,042
취업자(명)	3,227	1,197	1,172	858
(취업률)	(34.2%)	(39.2%)	(37.9%)	(28.2%)

※ 국민건강보험공단 조회자료(5.18 기준)

혹시 이런 말을 들은 적이 있는가?

"그래서, 하고 싶은 말이 뭡니까?, 결론이 뭐예요? 그래서 어떻게 하자는 겁니까?" 등의 말을 종종 들었다면 당신은 보고서에서 핵심메시지를 명확히 밝히지 않았다는 의미로 받아들이면 된다. 즉 내용은 있는데 메시지가 없는 보고서를 작성했던 것이다.

두괄식과 미괄식, 그리고 양괄식이 있다

조직 내 보고서를 작성할 때 문장은 간결한 개조식의 단문으로 표현하면 전달력이 높다고 했다. 그러면 단문이 여러 개 만나 하나의 단락이 형성되었을 경우는 무엇을 고려해야 하는가? 이럴 경우는 핵심메시지를 명확히 표현해 주는 게 중요하다. 핵심메시지는 중심메시지, 중심생각, 주장메시지, 두괄식의 경우 상위메시지 등의 다양한 용어로도 표현되고 있다.

핵심메시지가 있는 보고서가 좋은 보고서다. 특히 현상이나 문제점 방안을 제시할 때는 주장이 명확해야 한다. 왜 그런가? '결론/요점/주장' 등을 강조하는 수요자(상사) 입장에서 생각해 보면 이해될 것이다.

단락에서 핵심메시지를 표현하는 방법에는 3가지가 있다. 단락뿐만 아니라, 전체 글에서도 마찬가지이다. 단락의 서두에 핵심메시지를 밝히면 두괄식이며 상위메시지라고도 표현한다. 반대로 단락의 끝부분에 핵심메시지를 표현하면 미괄식이 되는 것이다. 마지막으로 단락의 서두에 핵심메시지를 표현하고 끝부분에도 핵심메시지를 표현하여 서두의 핵심메시지를 한 번 더 강조하면 양괄식이 되는 것이다.

① 두괄식 : 글의 서두에 중심 문장을 배치하는 글의 구성 방법
② 미괄식 : 글의 끝에 중심 문장을 배치하는 글의 구성 방법
③ 양괄식 : 글의 서두와 끝에 중심 문장을 반복으로 배치하여 글의 구성 방법

세부내용은 보고서의 깊이를 결정하는 중요한 요소이다. 다만, 세부내용만 나열하거나 세부내용을 지나치게 많이 제시하면 수요자가 원하는 문장표현이 아니므로 가독성이 떨어지고 읽고 싶지 않은 보고서로 변질된다.

핵심메시지는 상위메시지나 주장메시지로, 세부내용은 핵심메시지를 알기 쉽게 자세히 설명하는 뒷받침 내용으로도 표현되고 있다. 일반적으로 사례나 세부 방법, 기준과 범위, 근거 등이 세부내용에 나타난다.

내용을 빨리 전달하려면 두괄식으로 접근하라

발신 : 이 주임

수신 : 나 팀장

제목 : △△행사 관련부서 회의 건과 관련하여

팀장님, 내일 13시에 예정인 회의 관련하여 메일 드립니다.

일주일 전에 참석 메일을 보냈습니다만,

행정과 최주임이 현장지원 건으로 1시간 정도 늦을 거 같다고 합니다.

그리고 홍보팀 고주임은 긴급민원이 발생하여 30분 정도 늦을 예정이라 합니다.

나머지 저와 복지과 정주임은 회의 참석에 문제가 없습니다.

이상입니다.

발신 : 나 팀장

수신 : 이 주임

제목 : RE : △△행사 관련부서 회의 건과 관련하여

이 주임! 그래서 어떻게 하자는 거야?

내용만 있고 핵심메시지가 없는 이메일 사례다. 이 주임은 본인이 하고 싶은 말만 장황하게 나열했을 뿐, 수요자 관점에서 작성하지 못했다. 수신자가 궁금한 내용이 무엇일까를 생각하고 이메일을 작성했다면 이렇게 비효율적으로 작성하진 않았을 것이다. 먼저, 작성자는 '그대로 진행할까요?', '회의시간을 변경할까요?' 등의 주장메시지를 명확히 결정해야 한다. 주장메시지를 담아 두괄식으로 표현하면 다음과 같다.

<u>제목 : (문의) 「△△행사 관련부서 회의」 시간 변경 관련</u>

팀장님,

내일(수) 계획된 회의와 관련하여 몇 가지 이슈가 발생하여 의견을 여쭙고자 합니다.

- <u>예정된 13시 회의를 15시로 연기</u>하면 어떻겠습니까? ⇨ **주장(결론)메시지**

- <u>이유</u>는 다음과 같습니다. ⇨ **뒷받침 내용**
  (일수일 전에 참석자에게 메일을 보냈습니다만)
  - 행정과 최주임이 현장지원 건으로 1시간 정도 늦을 거 같다고 하며,
  - 홍보팀 고주임은 긴급민원이 발생하여 30분 정도 늦을 예정이라 합니다.
  - 13시로 진행할 경우 참석 가능자는 2명(저와 복지과 정주임)이며, 2시간 정도 연기하면 모두가 참석 가능하겠습니다.

의견 부탁드립니다.

두괄식이란 핵심메시지(중심메시지, 상위메시지)를 먼저 말하고 뒷받침 내용*Supporting Message*을 풀어가는 구성을 말한다. 뒷받침 내용은 글로 제시될 수도 있고 표나 시각적 자료로 제시될 수도 있다. 글의 서두에 중심주장을 배치하면 초점이 뚜렷해져 작성자는 단락을 구성하는데 산만해질 염려가 적고 수요자는 작성자의 의도와 내용을 빨리 파악할 수 있다.

두괄식은 메시지를 전달하는 효과가 크기 때문에 일반적으로 내용이나 주장을 빠르고 명확하게 전달하고자 할 때 요긴한 구성이다. 1대1뿐만 아니라 1대 다수의 발표 자료에 자주 사용된다.

두괄식을 고려해야 할 경우는 다음과 같다.

- 시급한 상황이나 문제를 정리하여 보고서로 작성할 경우
- 진행상황이나 경과를 보고서로 작성할 경우
- 상사가 이미 관심을 갖고 있거나 어느 정도 알고 있는 내용을 작성할 경우
- 짧은 시간에 내용을 발표하고자 할 경우

단락이 아니라 보고서 전체에서도 두괄식이 적용되는 경우가 있다. 목차 흐름으로 보면, 보고서의 서두에 '목적', '사업목표 혹은 추진 목표', '예상성과'를 먼저 제시하는 것도 두괄식 접근으로 볼 수 있다.

설득상황이거나 흥미를 지속시키려면 미괄식으로 전개하라

보고서 작성자가 독자의 관심과 흥미를 지속시키려면 미괄식으로 작성하는 게 좋다. 독자가 내용에 대해 알지 못하는 경우이거나 관심이 없는 경우가 대표적이다. 예를 들어 새로운 안건을 제안할 경우 단락의 서두에 상황을 좀 제시하고 말미에 핵심메시지를 제시하면 효과적이다.

글의 끝에 핵심메시지를 배치하면 독자에게 결말이 어떻게 될지 궁금증을 계속 유발해내 흥미를 지속적으로 유지할 수 있기 때문이다. 다양한 주변 이야깃거리를 복잡하게 얽고 합당한 원인과 결과를 엮어서 극적인 결말로 이끌어야 좋은 글이 될 수 있다.

또한 전달하고자 하는 내용이 상대방의 부정적 감정(예 : 부담, 서운함, 화 등)을 자극할 경우는 이해를 구하고 자기주장을 전개하는 게 좋다. 즉 미괄식 표현을 선택하는 게 좋다.

미괄식을 고려해야 할 경우는 다음과 같다.

- 독자의 관심과 흥미를 유발시킨 후 작성자의 주장을 전달하고자 할 경우
- 주장이나 결론이 독자의 부정적 감정(예 : 부담, 서운함 등)을 자극할 경우
- 독자가 내용에 대해 알지 못하거나 관심이 없는 경우

• 내용에 대해 독자가 부정적 견해를 갖고 있을 경우

Ⅰ. 추진 배경

□ 최근 **청년 미취업자의 지속적 증가**로 인한 **취업대기 인력 급증**

ㅇ 청년 실업률은 전체 실업률의 2배 이상으로 나타났으며 일할 의사와 능력을 갖춘 취업대기인력 급증

* 청년실업률 2011년 7.6%(전체 실업률 3.4%에 비해 2배 수준)

* 비경제활동인구 중 취업준비생과 취업대기인력 40,492명('04) → 82,258명('11)

□ 인구구조 변화와 맞물려 **국가 경쟁력 감소에 영향 우려**

ㅇ 향후 인구구조 변화로 노동력 부족이 예상되는 시점에 핵심생산가능인구인 청년층의 일자리 창출 문제는 우리가 해결해야할 시급한 문제

* 우리나라 인구 증가율 (1970년) 2.21 → (2010년) 0.26 → (2030년) △0.25(예측)

□ 이에 **청년실업을 감축할 수 있는 종합적인 대책 마련 필요**

단락이 아니라 보고서 전체에서 미괄식이 적용되기도 한다. 서두와 본문에 다양한 상황정보나 방법론을 제시하여 흥미를 유발시킨 후 말미에 업무성과나 시사점, 결론 등을 제시하는 접근방식이다. 말미에 등장하는 목차의 예시로는 '예상 성과, 기대효과, 시사점, 결론 및 제언' 등이 있다.

주장을 재강조하려면 양괄식으로 구성하라

양괄식은 일반적으로 양이 많을 때나 재강조하고 싶을 때 표현하는 방식이다. 특히 발표 자료의 양이 많을 경우 서두에 핵심메시지를 전달하고 말미에 핵심메시지를 재강조하면 설득력과 호소력이 높아지기 때문이다.

글의 서두에 핵심메시지 문장을 배치하는 두괄식과 글의 끝에 핵심메시지 문장을 배치하는 미괄식을 혼합한 형태이다. 주장의 반복을 통해 강조하는 것이 포인트다.

앞의 '△△행사 관련부서 회의 시간 변경' 문서를 양괄식으로 표현하면 다음과 같이 될 수 있다.

<u>제목 : (문의) 「△△행사 관련부서 회의」 시간 변경 관련</u>

팀장님,
내일(수) 계획된 회의와 관련하여 의견을 여쭙고자 합니다.

- **<u>예정된 13시 회의를 15시로 연기</u>**하면 어떨지요? ⇨ **주장(결론)메시지**

- **<u>이유</u>**는 다음과 같습니다. ⇨ **뒷받침 내용**
(일주일 전에 참석자에게 메일을 보냈습니다만)

- 행정과 최주임이 현장지원 건으로 1시간 정도 늦을 거 같다고 하며,
- 홍보팀 고주임은 긴급민원이 발생하여 30분 정도 늦을 예정이라 합니다.
- 13시로 진행할 경우 참석 가능자는 2명(저와 복지과 정주임)입니다.

- **15시로 연기한다면 모두가 참석 가능하겠습니다.**
변경 가능하실지요? 의견 부탁드립니다. ⇨ **주장(결론)메시지**

특히, 작성자가 전달하고자 하는 핵심메시지(요약, 의견, 종합, 시사점, 결론)가 2개 이상일 경우는 전달 효과를 극대화하기 위해 양괄식으로 표현하면 효과적이다. 사례를 보면, 상위메시지는 뒷받침 내용에 대한 요약메시지이며 단락의 마지막 문장은 작성자의 주장이나 시사점으로 볼 수 있다.

□ **2022년 공기업 경영실적 평가결과, 우수기관으로 인증**

ㅇ 최근 3년간 사업목표 달성도 매년 20% 성장

ㅇ 2025년 공공기관 민원서비스 품질 만족도 2위(총 50개 기관 중)

ㅇ 직원들의 수행직무 만족도, 업무몰입도 국내 최고 수준(상위 5%)

⇨ **자타가 인정하는 국내 최고의 공공기관으로 '우뚝'**

양괄식 구성을 고려해야 할 경우는 다음과 같다.

- 보고서의 양이 많을 경우
- 핵심메시지(요약, 의견, 종합, 시사점, 결론)가 2개 이상일 경우
- 핵심메시지를 재강조하고자 할 경우

보고서 목차에서도 양괄식 개념이 적용될 수 있다. 예를 들어, 보고문서를 작성할 때 앞부분에서 '목적'과 '추진목표' 등을 기술하고 마무리 부분에서 '기대효과'를 기술하는 경우가 있다. 이게 바로 한 개의 보고서에서 양괄식을 활용한 경우이다.

Key Lesson Point

- 보고서에는 메시지(요약Summary, 주장 · 의견Opinion, 종합Total, 시사점Implication, 결론Conclusion)가 있어야 한다.
- 흥미를 유발시켜 관심을 갖게 하고자 할 경우엔 미괄식으로 표현하라.
- 핵심메시지가 2개 이상일 경우에는 양괄식으로 제시하여 재강조 효과를 얻도록 한다.

Why를 명확히 하라

일은 취지에 맞게 하는 거라고 했다. 모든 일은 취지가 있기 때문이다. 따라서 작성자든 상사든 일에 관한 논의 시 먼저 취지를 명확히 하고자 한다. 앞서 작성자가 제목을 활용하여 상사에게 어떤 주장이나 제안을 하면 상사는 '왜 의제화 되었는지' '왜 이 과제를 수행해야 하는지'를 가장 먼저 궁금했던 것에 대한 이유이기도 하며, 대부분의 보고서가 why(목적, 배경 등)로 시작하는 이유이기도 하다. 다만, 상황보고서는 Why로 시작하지 않는다.

의사결정권자인 상사는 첫 번째 질문인 Why에 대한 답변이 만족스러워야 다음 질문을 던지게 된다. Why에 대한 답을 상사가 들었을 때 필요성과 의미, 당위성을 느끼지 못하면 다음 질문은 없음을 명심해야 한다. 만족스럽지 않을 때 상사들은 '이거 꼭 해야 해?', '왜 이걸 지금해야 하지?', '좀 더 생각해 보자고…'라며 반려의 암시를 보내기도 한다.

실무자인 작성자는 무엇*What*을 어떻게*How* 할 것인지를 고민해야 한다. 실무자로서 중요한 역할이기 때문이다. 하지만 그에 앞서 일의 방향성을 명확히 하기 위해서라도 취지를 명확히 하는 습관은 성과지향적 사고의 중요한 출발점임을 명심해야 한다. 먼저 Why에 대해 말을 해 보라. 말이 되어야 글이 되기 때문이다.

보고서상에서 Why는 어떤 부분을 말하는가? 일반적으로 목적, 배경, 현상, 현 실태, 관련 근거 등으로 표현되고 있다. 결과보고서의 경우도 그렇다. 하나의 사례를 살펴보자. '사업부 워크숍 결과'라는 보고서를 작성한다면 작성자의 주장은 '사업부 워크숍을 했는데 그 결과를 보고 드리겠습니다'가 될 것이다. 이 경우 상사의 첫 번째 질문은 '그 워크숍은 어떤 취지로 진행된 건가?'가 될 것이다. 이에 대한 답변을 위해 목차를 작성하면 '추진목적'이나 '추진배경'으로 나타난다. 검토보고서의 경우도 마찬가지다. '민원 전용 복합기 설치 검토 결과 및 추진계획'의 예를 들어보자. 작성자의 제안내용은 '민원 전용 복합기 설치를 검토했는데 그 결과와 추진계획을 보고 드리겠습니다.' 이 경우 상사의 첫 번째 질문은 '왜 검토하게 되었는가?'일 것이다.

Key Lesson Point

- 모든 일은 취지가 있다. 일은 취지에 맞게 해야 하며 취지가 일의 방향성을 제시한다.
- 상사에게 답변하듯 취지를 말로 설명해 보자. 말이 되어야 글이 된다.

Why의 다양한 표현, 구분하여 사용하자

"목적과 배경을 쓰고 나면 서로 내용이 비슷해서 고민되는 경우가 많아요."
"보고서상에서 목적과 배경은 각각 존재해야 하나요?"

강의 중에 자주 접하는 질문 중의 하나다. 작성자들의 고민 중의 하나는 목적과 배경을 구분하기 어렵다는 것이다. 누구나 한 번쯤 겪어본 상황일 것이다.

제목 : 식목일 기념행사 진행 계획

- 행사명 : 푸른 자연 가꾸기 -

1. 목적

푸른 자연 가꾸기 실천을 통해 녹색 물결의 초석을 마련하고, 구성원들의 지역사랑 공동체 의식을 고취하고자 함

2. 배경

- 지역 공동체로서 공공기관 구성원의 주인의식 함양
- 푸른 국토 실현을 통한 세계적 기후변화 정책에 기여

목적과 배경은 분명히 구분해서 사용할 수 있어야 한다. 위의 사례처럼 비슷한 내용으로 채워서는 안 된다. 읽어보면 그 말이 그 말이다. 상사들이 싫어하는 것 중의 하나가 비슷한 내용으로 중언부언하는 것이다. 깊이 고민 안 했

다고 생각할 수밖에 없다.

작성 내용이 비슷하다면 하나는 과감하게 제거하는 것도 요령이다. 위 사례에서는 목적과 배경을 하나로 통합하여 목적으로 표현하는 게 바람직하다.

목적, 배경, 목표, 기대효과의 개념적 차이를 구분해 보자.

- 목적이란?
  - 업무수행을 통한 단기적 혹은 궁긍적 취지
  - 정성적(비계량적) 내용으로 기술
  - 의지가 내포되므로 내용이 다소 추상적이거나 포괄적일 수 있음

- 배경이란?
  - 업무수행을 자극한 요인이나 해결해야 할 문제
  - 현황, 궁극적 취지를 함께 포함하여 기술할 수 있음
  - 사실적 내용(fact) 토대로 기술
  - 정량적(계량적) 내용과 정성적(비계량적) 내용을 조합하여 작성 가능

- 목표란?
  - 특정 기간 내 달성해야 할 성과, 달성하고자 하는 의지의 구체적 표현
  - 목적 달성 여부를 판단할 수 있는 계량적 표현
  - 단기, 중기, 장기 목표로 나눠 기술 가능
  - 비계량적으로 기술할 경우 '기대효과'와 비슷

- 기대효과란?
  - 과업 성과를 통해 기관 및 내외부 이해관계자들이 얻게 될 효과
  - 확산적 효과, 공익적 가치
  - 목적과 목표를 포함하여 기술할 수 있음
  - 보고서 수요자가 공감가는 내용으로 작성

제목 : 멋진 몸만들기

□ 목적

- 체질 개선을 통한 성인병 예방 및 활동성 증대
- 호감가는 이미지 메이킹으로 대인관계 자신감 함양

□ 배경

- (자신) 비만과 체력 저하로 업무 의욕 상실, 스트레스 증가
- (배우자) 성인병 극복을 위한 건강관리 촉구
- (사회 트랜드) 삶의 질 향상으로 건강에 대한 관심 증대 <OO일보>

□ 목표

- 체중 감소로 균형 있는 몸매 유지
  * 체중 : ○kg(3월) → ○kg(6월) → ○kg(8월 말)
- 탄력적이고 건강미 넘치는 체질 형성
  * 체지방율 : ○%(3월) → ○%(6월) → ○%(8월 말)

목적과 목표, 기대효과를 동시에 작성할 경우는 상호 간 중복 가능성이 높으므로 목차를 줄이는 것도 고려해야 한다. 배경 뒤에 현황이 따라올 경우는 배경을 정성적으로 작성해도 된다. 현황자료들이 배경의 정성적 내용을 뒷받침해 주기 때문이다.

목적과 기대효과는 함께 존재해야 하는가?

적잖은 담당자들이 목적과 기대효과를 꼭 작성해야 한다는 부담을 갖고 있는 듯하다. 결론부터 말하면 목적을 명확히 기술했을 경우 구태여 기대효과를 작성할 필요가 없는 경우가 많다. 반대로 목적이 없을 경우는 기대효과를 표현

하는 건 의미가 크다. 목적과 기대효과 모두 없을 수도 있다. 대체로 배경에 목적을 함께 표현했을 경우이다. 다만, 보고서 페이지 양이 많을 경우는 업무 성과를 명확히 전달하는 측면에서 기대효과를 말미에 제시하는 것도 좋은 습관이다. 기승전결을 명확하게 이해하는 데 도움이 된다.

아래 사례는 Why에 대한 답변을 사업목표로 제시한 사례다. 계량적 목표치가 제시되어 있으므로 목적이 아니라 목표로 표현하는 게 적절하다. 구조적으로 보면 목적과 목표가 함께 제시된 사례다. 다만, 사업목표의 정성적 부분이 기대효과와 중복 가능성이 높으므로 중언부언을 주의해야 한다. 기대효과 작성 시 사업목표 달성을 통한 확산적 효과를 나타내도록 노력해야 하며, 그럼에도 불구하고 중언부언의 느낌이 오면 기대효과를 작성하지 않는 것도 요령이다.

향토 핵심자원의 사업화 추진 계획(안)

Ⅰ. 사업목표

- 향토자원 DB · 포털 구축 및 자원분류를 통해 종합적이고 체계적인 향토자원 관리 및 육성 기반 확립
  ※ 핵심자원(5%), 유망자원(10%), 잠재자원(20%)
- 향토자원 조사로 발굴된 자원 중 사업화 가능성이 높은 핵심자원 위주로 시범사업을 추진하여 신성장동력화
  ※ △△ 향토자원 조사결과 자원 발굴 건수 : 56,200건
- 지식재산 등록, 시 · 도 공동 해외 전시 · 상담회 개최를 통해 지역의 브랜드 가치 창출 및 국제 경쟁력의 제고
  ※ 향토자원 : 지역성 또는 전통성을 지니면서 경제적 이용가능성이 있는 기술, 지역특산물, 역사 · 문화자원 등 유 · 무형의 자원

<중략>

Ⅵ. 기대효과

1 향토자원의 종합적이고 체계적인 관리 시스템 구축

- 향토자원의 DB · 포털 구축, 2010 조사 향토자원의 분류를 통해 국가자원 관리 차원에서의 효율적인 육성 기반의 확립
- 향토자원 관련 부처간 연계 협력 체제의 구축으로 정보의 공동 활용 및 유사 조사의 중복 투자 방지 등 비효율 문제 해소

2 향토 핵심자원의 사업화로 지역의 신성장동력원 확보

- 연차별 · 단계별 목표를 설정하여 매뉴얼화를 통한 향토자원의 조기 산업화 및 지역경제활성화의 거점 형성
- 전문가컨설팅, 사업추진단 구성을 통해 사업기간중 지역별 특성에 맞는 우수 향토자원 육성이 가능

어떤 경우에 목표나 기대효과에 계량적 내용을 담으면 좋을까?

① 의사결정권자들이 계량적 성과를 중시하거나 요청할 경우
② 달성해야 할 계량적 목표가 명확히 존재할 경우
③ 성과를 지속적으로 모니터링 해야 할 경우
④ 계량적 성과로 최종 결과를 보고해야 할 경우
⑤ 구체적인 성과나 효과를 확인하고자 할 경우

최근 일부 조직에서는 경영진 및 기관장의 요구에 대응하여 구체적이고 계량적인 사업목표나 기대효과를 작성하는 추세임을 기억할 필요가 있다.

목적 작성에는 요령이 있다

목적은 Why의 대표적인 표현인 만큼 과제수행의 필요성이나 중요성을 충분히 느낄 수 있도록 정성스럽게 기술해야 한다. 목적은 궁극적 취지, 단기 혹은 장기적 성과, 구체적 기대 성과물 등을 담아야 한다. 앞서 밝힌 바와 같이 목표나 배경, 기대효과가 별도의 목차로 있느냐에 따라 구성의 범위는 다르게 판단할 수 있다.

목적 작성을 위한 3단계 기본 요령은 다음과 같다.

- 1단계 : 과제 수행을 통한 즉각적 혹은 단기적 성과, 구체적인 결과물에 대한 키워드(단어, 구, 절) 기술
- 2단계 : 단기 성과나 결과물을 통해 추구하는 궁극적 취지나 확산적 효과 기술
- 3단계 : 연결 문구를 활용하여 문장 완성

'자전거 전용도로 설치계획' 보고서 사례를 통해 작성하는 요령을 알아보자.

단기적 성과, 구체적 결과물	자전거 이용 편의성 증대, 자전거 사고 감소
장기적 성과, 궁극적 취지	자전거 이용자 확산, 자전거 이동수단의 대중화, 교통난 해소, 저탄소 녹색성장 부응, 시민 건강 증진, 레저 산업 육성

목적	자전거 이용자 증가에 따른 안전사고를 예방하고 시민의 건강 증진 및 교통난 해소에 기여하고자 함
	• 자전거 이용 편의성 증대로 안전사고 예방 및 이용자 확산 기여 • 고령화 시대에 따른 시민의 여가와 건강, 저탄소 녹색성장 부응

앞서 말했듯이, 기대효과를 함께 작성할 경우는 내용 중복성에 주의를 기울여야 한다.

배경은 포괄적 범위를 담을 수 있다

Why에 대한 내용으로 배경으로 해야 할지, 현황으로 해야 할지 모호할 때도 있다. 분명한 차이는 있을 것이다. 차이가 없다면 하나의 용어를 사용했을 텐데 두 용어가 여기저기에 나타난다는 것은 역할이 다르기 때문이다. 말 그대로 현황은 현재 상황과 관계된 사실적 내용만 담고 있다. 배경은 현황자료와 목적을 함께 포함하여 기술할 수 있다. 그래서 애매한 경우 배경으로 작성하면 크게 틀리지 않는 이유다.

아래 사례는 배경을 작성한 사례이며 현황과 궁극적 취지(목적)을 함께 포함하고 있다. 이 경우는 별도의 목적을 표현할 필요가 없다. 만약 첫 번째 단락만 제시되었다면 '추진 배경'보다는 '현황'이 더 정확한 표현으로 보면 된다.

민원수수료 등의 신용카드 포인트 납부제 도입계획(요약)

□ 추진배경

ㅇ 신용카드 이용 보편화로 카드사의 **포인트 적립·이용 증가추세**

* 신용카드 포인트 잔액 및 사용액 추이 (단위 : 억원 / 금융감독원)

구분 \ 연도	○○년	○○년	○○년	○○년	○○년
포인트 잔액	11,881	13,304	14,569	15,540	15,270
사용액	3,425	4,590	7,349	9,751	11,539

ㅇ **「민원24」 결제수단에 신용카드 포인트를 추가,** 이용자 편의 제고

* 현 「민원24」 결제수단 : 신용카드(44%), 계좌이체(36%), 휴대폰(15%) 등

공공기관의 1회용품 줄이기 추진계획

□ 추진배경

ㅇ 1회용 종이컵 보증금제 폐지 등 1회용품 규제개선(○○○○.6.30) 이후 1회용품 사용량이 증가 추세

- 커피전문점 등 휴게음식점은 20~50%, 대형할인점은 30~200% 증가 추정

* 종이컵은 최고급 천연펄프로 제작(100% 수입)되며, 종이컵 1개 생산시 CO_2 11g 배출, 종이컵 1톤 생산시 20년생 나무 20그루 소요

ㅇ 1회용품 사용을 자율적으로 줄이고, 불가피 하게 발생되는 재활용가능 자원은 회수를 강화함으로써, 자원절약과 재활용 활성화 필요

배경을 좀 더 탄탄하게 구조화하여 제시해야 하는 경우가 있다. 여러 기관을 설득하여 동의와 협력을 이끌어 내야 하거나 기관장님에게 새로운 제안을 하는 경우가 대표적이다. 이 경우 유능한 보고서 작성자들은 배경을 3단으로 구성하여 과제수행의 당위성과 필요성을 효과적으로 제시하고 있다. 3단 구성의 대표적인 방법으로는 '성과 리뷰 - 문제제기 - 주장·제언'의 순서다.

□ 그동안 사회취약계층을 위한 생활민원 제도개선, 민원사무 정비, 온라인 민원 서비스 구축(민원24) 등 **국민불편 해소**를 위해 **민원 선진화를 적극 추진**해 왔으며

* 장애인복지 · 다문화가족 · 서민생활분야 등 171개 과제 개선

* 민원사무 통폐합 770종, 구비서류 감축 2,781건

○ 특히, 「민원24」가 ○○년도 히트상품에 선정 되는 등 **세계 최고의 온라인 민원서비스 구축에 큰 성과**를 거두었음

• 온라인 민원 확대

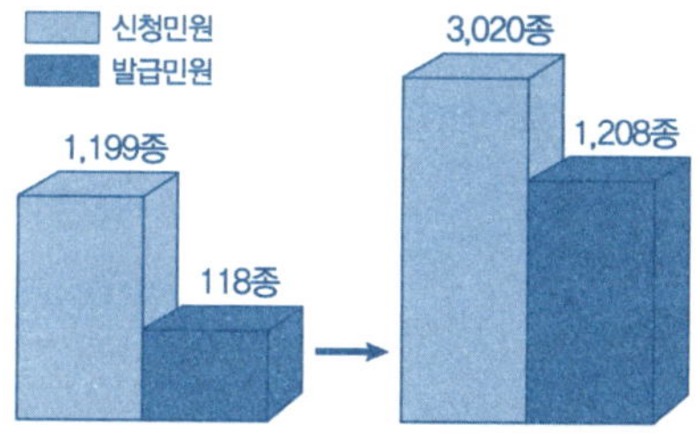

• 생활민원일괄서비스 20종 제공 (이사, 사망, 취업 등)
• 모바일 서비스 10종 제공 (건축물대장 등 · 초본 열람 등)

□ 다만, 그간의 성과에도 불구, **민원개선의 효과**를 국민이 실질적으로 **체감*하는데 미흡**한 측면이 있었고, **온라인 민원시스템**의 경우 외연 확장에 치중하다보니 **내실화가 부족**한 부분이 있었음

* 시 · 군 · 구 민원만족도 : ('○○년) 86.5점 → ('○○년) 80.0점

□ 따라서, **금년**('○○년)에는 국민이 체감할 수 있는 **생활 밀착형 민원제도 개선을 역점적으로 추진**하는 한편, **온라인 서비스는 이용자 중심으로 질적 고도화**할 필요

Key Lesson Point

- 목적, 배경, 목표, 기대효과를 구분하여 사용하되, 서로 중언부언에 유의하라.
- 배경은 현황과 목적을 모두 포함하여 기술할 수 있다.

표기법에 맞게 작성하라

문서는 Writing Communication이라고 한다. 특히 공공조직은 내부적 소통 수단뿐만 아니라 타 기관과의 의사소통 수단으로도 수시로 활용되고 있다. 이같이 공공조직은 상호 의사소통이 많고 행정업무를 효율적으로 수행하기 위해 「행정 효율과 협업 촉진에 관한 규정」을 적용하고 있다. 다만, 이러한 기준은 행정업무의 효율적 운영에 관한 규정상 문서작성의 일반 원칙으로 정해놓은 사항이므로 특별한 사유가 있으면 달리 표시할 수 있다. 기안문 및 보고서에 자주 활용되는 공문서 표기법[1]은 다음과 같다.

[항목의 표시]

문서의 내용을 둘 이상의 항목으로 구분할 필요가 있으면 '1, 가, 1), 가), (1), (가), ①, ㉮'순으로 표시하되, 필요한 경우에는 □, ○, -, • 등과 같은 특수한 기호로 표시할 수 있다.

1) 한눈에 알아보는 공공언어 바로 쓰기(국립국어원, 2019)

[표시 위치 및 띄우기]

- 첫째 항목기호는 왼쪽 처음부터 띄어쓰기 없이 바로 시작한다.
- 둘째 항목부터는 상위 항목 위치에서 오른쪽으로 2타씩(한글 1자, 영문 2자) 옮겨 시작한다.
- 항목이 한 줄 이상인 경우에는 항목 내용의 첫 글자에 맞추어 정렬한다.
- 하나의 항목만 있는 경우에는 항목기호를 부여하지 아니한다.

[숫자 등의 표시]

- 숫자 : 아라비아 숫자로 쓴다
- 날짜 : 숫자로 표기하되 연, 월, 일의 글자는 생략하고 그 자리에 온점을 찍어 표시한다.

  〈예시〉 2022. 12. 12.
- 시간 : 시 · 분은 24시각제에 따라 숫자로 표기하되, 시 · 분의 글자는 생략하고 그 사이에 쌍점(:)을 찍어 구분한다.

  〈예시〉 오후 3시 20분 (×) → 15:20 (○)
- 금액 : 금액을 표시할 때에는 아라비아 숫자로 쓰되, 숫자 다음에 괄호를 하고 한글로 기재한다.

  〈예시〉 금113,560원(금일십일만삼천오백육십원)

- 외국문자 표기 : 외국 문자를 표기해야 할 경우 괄호 안에 병기한다.
  〈예시〉 MOU → 업무협정(MOU) / IT → 정보기술(IT)

- 특정한 구문을 강조하고자 할 때에는 작은 따옴표(' ')를 쓴다.

- 책의 제목이나 신문 이름 등을 나타낼 때는 겹낫표(『 』)와 겹화살괄호(≪ ≫)를 쓴다.

- 소제목, 그림이나 노래와 같은 예술 작품의 제목, 상호, 법률, 규정 등을 나타낼 때는 홑낫표(「 」)와 홑화살괄호(〈 〉)를 쓴다.

- 문장 부호
  - 원장 : 김갑동 → 원장: 김갑동
    (해설) 쌍점(:)은 앞말에 붙여 쓰고 뒷말과는 띄어 쓴다.
  - 4. 23. ~ 6. 15. → 4. 23.~6. 15.
    (해설) 물결표(~)는 앞말과 뒷말에 붙여 쓴다.

[마침표 표기법(「문장 부호 해설」, 2014)]

- 용언의 명사형이나 명사로 끝나는 문장에는 쓰는 것을 원칙으로 하되, 쓰지 않는 것을 허용한다.

- 용언의 명사형으로 끝나는 문장'이란 '-ㅁ/-음', '-기'와 같은 명사형 어미로 끝나는 문장을 말하는데, 이와 같은 문장에서는 마침표를 쓰는 것이 원칙이되 쓰지 않는 것도 허용한다.

- 서술성을 가진 '명사로 끝나는 문장'은 마침표를 쓰는 것이 원칙이고 쓰지 않을 수도 있다.

  〈예시〉 2023년 10월 27일 재건축 설명회 개최./개최

- 하지만, 서술성을 가지지 않는 '명사로 끝나는 구'는 마침표를 쓸 수 없다.

  〈예시〉 재건축 설명회의 성공적인 개최

- 마침표(온점) 표기법이 반영된 공문서 사례를 보면 다음과 같다.

> **- 제18호 태풍 대비·대응 조치 요령 -**
>
> 가. 동 지원 부서는 오늘(10. 2. 수) 13시까지 동 주민 센터 등록 후 각 동장 책임 아래 현장에서 근무하며 태풍에 대비
>
> 1) 모래 마대, 수중 펌프, 양수기를 꼭 설치하고, 빗물받이를 모두 점검함.
>
> 2) 가로변 쓰레기통 결박하고, 현수막 등은 제거함.
>
> 나. 재난 관련 부서는 분야별 태풍 북상 대비 조치를 오늘 중으로 철저히 이행
>
> 다. 금일(10. 2. 수) 17:30, 시장님 주재 상황 판단 회의 시 조치사항 보고

[문서의 "끝" 표시]

- 본문 내용의 마지막 글자에서 한 글자(2타) 띄우고 "끝" 표시를 한다.

  〈예시〉…… 주시기 바랍니다.∨∨끝.

- 첨부물이 있으면 붙임 표시문 다음에 한 글자(2타) 띄우고 표시한다.

  〈예시〉 붙임 1. 서식승인 목록 1부.

  2. 승인서식 2부.∨∨끝.

• 본문 또는 붙임 표시문이 오른쪽 한계선에서 끝났을 경우에는 그 다음 줄의 왼쪽 기본선에서 한 글자(2타) 띄우고 "끝" 표시를 한다.

〈예시〉 (본문 내용) ······························ 주시기 바랍니다.

∨∨끝.

• 본문이 표로 끝나는 경우

①표의 마지막 칸까지 작성되는 경우 : 표 아래 왼쪽 기본선에서 한 글자 띄우고 "끝" 표시

응시번호	성 명	생년월일	주소
10	김○○	1980. 3. 3.	서울시 종로구 ○로 12○
21	박○○	1982. 5. 1.	부산시 서구 ○○로 5

∨∨끝.

②표의 중간에서 기재사항이 끝나는 경우 : "끝"표시를 하지 않고 마지막으로 작성된 칸의 "이하 빈칸 : 표시

응시번호	성 명	생년월일	주소
10	김○○	1980. 3. 3.	서울시 종로구 ○로 12○
이하 빈칸			

[첨부물의 표시]

• 본문서에 서식 · 유가증권 · 참고서류, 그 밖의 문서나 물품이 첨부되는

때에는 본문이 끝난 줄 다음에 "붙임"의 표시를 하고 첨부물의 명칭과 수량을 쓰되, 첨부물이 두 가지 이상인 때에는 항목을 구분하여 표시한다.

<table>
<tr><td>예시 1
(본문) ·· 주시기 바랍니다.
붙임∨∨○○○계획서 1부.∨∨끝.</td></tr>
<tr><td>예시 2
(본문) ·· 주시기 바랍니다.

붙임∨∨1.∨○○○계획서 1부.
2.∨○○○서류 1부.∨∨끝.</td></tr>
<tr><td>* 붙임은 본문과 구분하여 본문이 끝난 줄 다음에 쓰도록 개정하여 붙여 쓰거나 띄어 쓸 수도 있습니다.
* 본문 항의 구분도 읽고 이해하기 쉽도록 기안자가 위와 아래 여백을 조정할 수 있습니다.</td></tr>
</table>

Revolution in Writing Communication!

Contents

제 5 장

보고서 유형별 작성 노하우 1 (기안문, 상황보고)

"보고서를 잘 작성하는 요령 중의 하나는 작성하고자 하는 보고서 유형이 어떤 것인지를 아는 것이다!"

- 김 달 원(Ph. D.) -

작성해야 할 보고서 유형이 뭔지는 알고 작성해야지!

A기관은 다양한 복지정책을 시행하고 있다. 그중에서도 고령화 사회에 따른 어르신 복지센터 확충사업은 기관의 중점사업이라 기관장님의 관심도 아주 높다. 올해는 사업예산도 증가하여 복지센터 20% 확대라는 사업목표 달성을 위해 담당부서에서는 특별한 노력을 기울이고 있다. 하지만 운영상의 한계점도 드러나고 있다. 복지센터 이용자나 종사자들의 불만이 제기된다는 소리가 들리고 있기 때문이다. 이에 담당부서에서는 구체적인 현실태와 문제점을 파악하고 불만 해소를 위한 현장 밀착형 아이디어를 발굴하고자 정책모니터단을 운영하고자 한다.

담당 부서장은 나열정씨에게 고객모니터단 운영안을 작성하여 3일 내로 보고하라고 지시하였다. 직장생활 6개월 차인 나열정씨의 가장 큰 고민은 '이번 문서에 무엇을 담아야 하는가?'이다. 고민 끝에 보고서 작성의 달인으로 알려진 고성과 주임이 작성했던 보고서를 참조하기로 하였다. 내용은 지우고 목차를 살려 작성한다면 작성범위에 대한 고민은 해결될 것으로 생각한다. 지우고 남은 목차에 제목을 붙이니 다음과 같은 보고서 뼈대가 나왔다.

<u>제목 : 복지센터 모니터단 운영계획</u>

1. 추진배경
2. 현황 및 문제점
3. 대응방안
4. 향후 추진일정
5. 기대효과
6. 행정사항

과연 이런 목차로 '복지센터 정책 모니터단 운영계획'이 작성될 수 있을까?

결론부터 말하면 나열정씨가 작성해야 할 '복지센터 정책 모니터단 운영계획'은 고성과 주임이 작성한 보고서 목차로 도저히 나올 수 없다. 특히, 세 번째 목차인 '대응방안'은 나올 수 없다. 왜냐면 방안을 제시하라고 요청받은 게 아니라 운영계획을 보고하라고 요청받았기 때문이다. 보고서 유형으로 보더라도 고주임이 작성한 보고서는 문제해결형 보고서로서 문제해결을 위한 수단, 즉 대책이나 방안을 담은 보고서이다. 반면에, 나열정씨가 작성해야 하는 보고서는 구체적인 진행절차와 방법을 담아야 할 업무추진계획서이다.

보고서를 잘 작성하는 요령 중의 하나는 작성하고자 하는 보고서 유형이 어떤 것인지를 아는 것이다!

조직 내에서 다뤄지는 보고서 유형은 어떤 것들이 있는가?

상황보고서, 정보보고서, 행사보고서, 업무추진계획서, 대책보고서, 검토결과보고서, 경과보고서, 결과/성과보고서, 연간 사업계획서, 현안 업무보고서 등 매우 다양하다. 보고서를 잘 작성하는 요령 중의 하나는 본인이 작성해야 할 보고서가 어떤 보고서인지 그 유형을 알고 작성하는 것이다.

기안문 작성 서식

기안문(시행문 통합 서식)은 공공조직 종사자라면 누구나 작성해야 할 기본문서이다. 모든 공공조직이 공통의 양식으로 작성할 수 있도록 '행정업무운영편람(2018)'에 규정하였으니 기본원칙은 알고 작성해야 할 것이다.

[기안의 개념]

기안이라 함은 기관의 의사를 결정하기 위하여 문안을 작성하는 것을 말한다. 기안은 주로 상급자의 지시사항이나 접수한 문서를 처리하기 위하여 행하여지나 법령·훈령·예규 등을 근거로 하거나 또는 순수한 자기발안(自己發案)으로 이루어지기도 한다.

[기안의 원칙]

문서의 기안은 전자문서로 하는 것을 원칙으로 한다. 다만, 업무의 성질상 전자문서로 기안하기 곤란하거나 그 밖의 특별한 사정이 있으면 종이문서로 기안할 수 있다.

[작성 시 유의사항]

올바른 문서 작성은 정확한 의사소통을 위하여 필요할 뿐만 아니라 문서 자체의 품격을 높이고, 그 기관의 대외적인 권위와 신뢰도를 높여준다. 문서의 올바른 작성을 위하여 다음과 같은 사항에 유의할 필요가 있다.

가) 정확성(바른 글)

(1) 일반적으로 6하 원칙에 따라 작성하고 오·탈자나 계수 착오가 없도록 한다.

(2) 필요한 내용을 빠뜨리지 않고, 잘못된 표현이 없도록 문서를 작성한다.

(3) 의미전달에 혼동을 일으키지 않도록 정확한 용어를 사용하고 문법에 맞게 문장을 구성한다.

(4) 애매모호하거나 과장된 표현에 의하여 사실이 왜곡되지 않도록 한다.

나) 용이성(쉬운 글)

(1) 상대방의 입장에서 이해하기 쉽게 작성한다.

(2) 문장은 가급적 짧게 끊어서 항목별로 표현한다.

(3) 복잡한 내용일 때는 먼저 결론을 내린 후 이유를 설명하는 것이 좋다.

(4) 추상적이고 일반적인 용어보다는 구체적이고 개별적인 용어를 쓴다.

(5) 읽기 쉽고 알기 쉬운 용어를 사용하고, 한자나 어려운 전문용어 또는 일반화되지 않은 약어는 사용하지 않는다. 한자나 전문용어를 쓸 필요가 있을 때에는 (　　)에 한자를 쓰거나 용어의 해설을 붙인다.

다) 성실성(호감 가는 글)

(1) 문서는 성의 있고 진실하게 작성한다.

(2) 상대방에게 불쾌감을 주거나 상대를 무시하는 듯한 표현은 피하고 적절한 경어를 사용한다.

(3) 감정적이고 위압적인 표현을 쓰지 않는다. 상급기관이 하급기관에 보내는 문서에 "…… 할 것", "…… 하기 바람" 등과 같이 위압감을 주는 문구를 쓰게 되면 조직 상하 간의 관계를 경직시켜 원활한 의사소통에 지장을 초래하기 쉽기 때문에 바람직하지 않다. 조직구조상 지휘·감독관계에 있다하더라도 상호 간에 존중한다는 의미에서 "…… 하시기 바랍니다."와 같은 표현을 사용하는 것이 좋다.

라) 경제성(효율적으로 작성하는 글)

(1) 일상 반복적인 업무는 표준 기안문을 활용한다.

(2) 용지의 규격·지질을 표준화한다. 규격이나 지질이 다르면 표준화된 경우에 비하여 많은 시간과 노력이 요구된다.

(3) 서식을 통일하여 규정된 서식을 사용하는 것이 경제적이다.

(4) 한눈에 내용을 파악할 수 있고 다루기 쉽게 1건 1매 주의로 하는 것이 효율적이다.

호감가는 기안문은 이유가 있다

기안문에서도 내용의 문장구성은 매우 중요하다. 어떻게 표현하느냐에 따라 이해도와 전달력이 달라지기 때문이다. 따라서 본문에서는 상대에게 전달하고자 하는 내용을 6하원칙에 따라 간단명료하게 작성해야 한다. 먼저 기안의 근거를 밝히며 시작하는 게 일반적이다.

본문의 내용은 일반 보고서와 마찬가지로 가독성을 고려해야 한다. 1~2줄을 넘기지 않도록 노력해야 하며, 특별한 경우 3줄까지 작성하도록 한다. 서너 줄이 넘어갈 경우는 단문으로 쪼개어 눈에 잘 들어와 이해하기 쉬운 문장으로 재구성하면 좋다.

제목 : 「행정 효율과 협업 촉진에 관한 규정」 개정내용 설명회 개최

「행정 효율과 협업 촉진에 관한 규정」 및 같은 규정 시행규칙의 전부개정에 따라 각급 행정기관의 교육수요에 대비하고 개정내용을 학계 등에 전파하기 위하여 (사)○○협회 소속 행정업무 운영 분야 교수 또는 행정학 교수 대상으로 붙임과 같이 설명회를 개최하고자 합니다.

붙임 「행정 효율과 협업 촉진에 관한 규정」 개정내용 설명회 개최 계획 1부. 끝.

제목 : 「행정 효율과 협업 촉진에 관한 규정」 개정내용 설명회 개최

1. 「행정 효율과 협업 촉진에 관한 규정」의 전부개정에 따른 개정내용 설명회 개최 계획을 통보하오니,

2. (사)○○협회 소속 행정업무 운영 분야 교수 또는 행정학 교수들이 설명회에 많이 참석하실 수 있도록 협조하여 주시기 바랍니다.

붙임 「행정 효율과 협업 촉진에 관한 규정」 개정내용 설명회 개최 계획 1부. 끝.

※ 출처: 행정업무운영편람(행정안전부, 2018)

항목은 구분하여 표현하는 것을 원칙으로 한다. 그리고 기안의 '근거'는 서술식으로 표현할 수도 있으며 수식어를 제거하고 기호를 활용한 단문형 개조식으로도 기술할 수 있다. 일반적으로 '근거' 다음의 문장에는 '왜'와 '무엇을'을 담아 정중하게 말을 하듯 서술하여 표현하는 게 일반적이다. 문장이 길 경우는 항목을 구분하여 가독성을 높여 주면 좋다.

1. 운영지원과-1021(2016.4.18.)에 따라 ……

1. 관련: 운영지원과-1021(2016.4.18.)
2. 공공기록물 관리 실태조사는……

항목기호는 공문서 표기법에 맞춰 작성해야 하며, 본문에서는 핵심사항이 빨리 전달될 수 있도록 작성자의 정성이 돋보여야 한다. 첫째 항목기호는 '1, 2…', 둘째 항목기호는 '가, 나…'로 표기하며, 그다음 항목부터는 기호(□, ○,

-, •)를 활용하는게 일반적이다. 또한 중요한 구나 절은 굵게, 밑줄, 칼라 색 등을 활용하여 눈에 띄게 한다. 무엇이 핵심사항인지는 수요자 입장에서 판단하고 선택해야 할 것이다.

1. 관련 : 운영지원과-196(2017.1.5.)
2. 기록관리 현황 평가 지침을 전달하기 위해 다음과 같이 담당자 회의를 개최하니 참석하여 주시기 바랍니다.
   가. 일시: 2017. 1. 18.(수) 14:00~18:00
   나. 장소: **<u>본부 6층 대회의실</u>**
   다. 대상: 기록물관리 담당자
   라. 내용: ---

'붙임'이 1개일 경우에는 항목 구분을 위한 번호를 사용하지 않으나 2개 이상일 경우는 번호를 사용하여 항목을 구분해 주고 있다.

수신　○○청장(◇◇◇◇과장)
(경유)
<u>제목　**20○○년 통합형 도시숲가꾸기 시범사업 추진계획(예정지) 제출**</u>

1. 도시○○○과-781(20○○.3.2.)호와 관련됩니다.

2. 20○○년 통합형 도시숲가꾸기 시범사업 대상지 예정지 현황 및 추진실적(월보)을 붙임과 같이 제출합니다.

붙임　1. 시범사업 대상지 예정지 현황 각1부.
　　　2. 추진실적(월보) 1부.　끝.

※ 출처: www.seoul.go.kr

'근거'가 2개 이상일 경우는 둘째 항목 수준에서 근거 항목을 구분하여 표현하면 된다. 사례에서 물결(~)표시는 앞말과 뒷말에 붙여 써야 한다.

수신 ○○행정과장
(경유)
제목 **선거대비 공직기강 확립 특별점검 교육 결과 보고**

1. 관련근거
   가. ○○행정과-6377(2018.5.31.)호 『선거대비 공직기강확립 특별점검 계획』
   나. 상암119안전센터-2676(2018.6.12.)호 『선거대비 공직기강 확립 교육 계획』

2. 선거대비 선거중립 의무준수 및 현장 안전사고 예방을 위해 실시한 **공직기강확립 교육 결과**를 붙임과 같이 보고 합니다.

   가. 기 간: 2018. 6. 7.(목) ~ 2018. 6. 12.(화)
   나. 대 상: 상암119안전센터 전직원(28명)
   다. 교육강사: 상암센터장 및 팀장
   라. 교육내용
      ○ 공직선거법 위반행위 예방
      ○ 청탁금지법 및 공무원 행동강령 위반행위 사전예방
      ○ 현장 활동대원 안전사고 방지 및 긴급 대응태세 확립

붙임 자체공직기강 확립 교육 실적(상암) 1부. 끝.

※ 출처: www.seoul.go.kr

특히 협조문은 업무 성과에 큰 영향을 미치는 이해관계자와의 소통 수단이기에 더욱 신중하게 작성해야 한다. 읽고 싶지 않거나 읽어도 협조 사항이 한눈에 인식되지 않는다면 바쁜 일정을 보내고 있는 관계부서의 협조를 기대하

기 힘들기 때문이다.

협조 또한 소통의 일환이다. 따라서 협조 요청할 때의 대화 흐름을 참고하여 협조문의 목차 흐름을 구성하는 게 효과적이다. 협조를 성공적으로 요청하는 사람의 대화 흐름은 '전후 상황 설명 → 협조 요청 → 마무리'의 순으로 말을 한다. 글을 쓸 때도 이 흐름을 감안하여 목차를 구성하면 효율적이다.

'위탁교육 운영 계약 체결 의뢰' 사례의 목차 흐름을 3단으로 구성하면 '교육 개요 → 협조사항 → 기타/행정사항'의 순으로 하면 될 것이다. '개요'는 6하원칙에 의거하여 간결하게 작성해야 하며, 전달할 '기타' 사항이 없으면 '기타'는 생략해도 된다. 문장을 구성할 때는 2줄이 넘지 않도록 개조식 구성에 신경을 써야 한다. 아래 사례에서 '2번' 항목의 경우 1~2줄로 간결하게 표현하거나 중심어(구, 절)를 돋보이게 표현하여 전달력을 높여야 할 것이다.

수신　수신자 참조
(경유)
제목　**위탁교육 운영 계약 체결 의뢰**

1. 근거 :「국가를 당사자로 하는 계약에 관한 법률」 시행령 제26조1항5호

2. 우리부 직원들의 정보화 및 사무자동화(OA) 능력 향상을 통해 업무 효율화에 기여하고자 '20○○ 하반기 부내 정보화 교육'을 추진할 계획인바, 이 교육의 위탁 운영을 위한 계약 체결을 아래와 같이 의뢰하오니 조치하여 주시기 바랍니다.

- 아래 -

가. 교육 운영 개요
　○ 교육 내용 : 한글, 엑셀, 파워포인트
　　- 각 기초반 및 활용반 등 5개 반 운영(150명 예정)
　○ 교육 대상 : 본부 및 소속기관 직원
　　- 교육 일정 : 20○○. 11~12월 중(과정별 2일 14시간)
　　- 위탁교육기관 : ㈜△△△△△△(수의계약)

나. 행정 사항
　○ 소요예산 : 9,355천원(산출 명세 별도 첨부)
　○ 예산과목 : 1234-300-210-01(종합정책 및 성과관리)
　○ 협조사항 : 계약체결 의뢰

붙임　1. 위탁교육운영 과업설명서 1부.
　　　2. 교육비 산출 내역서 1부.　끝.

※ 출처 : 한눈에 알아보는 공공언어 바로 쓰기(국립국어원, 2019)

수요자 관점의 내용 범위 결정, 공문서 표기법과 가독성 높은 간결한 문장 표현, 그리고 협조문이 갖춰야 할 3단의 논리 흐름을 반영하여 '위탁교육 운영 계약 체결 의뢰' 사례를 수정하면 다음과 같다. 전달할 특이사항이나 참고사항이 없어 '다' 항목은 삭제되었다.

수신　수신자 참조
(경유)
제목　**위탁교육 운영 계약 체결 의뢰**

1. 근거: 「국가를 당사자로 하는 계약에 관한 법률」 시행령 제26조1항5호

2. '20○○년 하반기 부내 정보화 교육' 위탁 운영을 위한 계약 체결을 의뢰하오니 조치하여 주시기 바랍니다.

　가. 교육 개요
　　○ 교육명: 20○○년 하반기 부내 정보화 교육
　　○ 목　적: 정보화 및 사무자동화(OA) 능력 향상을 통한 업무 효율화
　　○ 대　상: 본부 및 소속기관 직원(약 150명)
　　○ 내　용: 한글, 엑셀, 파워포인트
　　　- 각 기초반 및 활용반 등 5개 반 운영(반별 30명 예정)
　　○ 기　간: 20○○. 11월~12월 중(과정별 2일, 14시간)
　　　- 위탁교육기관: ㈜△△△△△△(수의계약)

　나. 협조 요청: 계약 체결의뢰〈기한 : **10. 15.까지**〉
　　○ 소요예산: 9,355천원(산출 명세 별도 첨부)
　　○ 예산과목: 1234-300-210-01(종합정책 및 성과관리)

붙임　1. 위탁교육운영 과업설명서 1부.
　　　2. 교육비 산출 내역서 1부.　끝.

다음 사례에서 옥의 티는 무엇일까? 둘째 항목들이 나열식으로 되어 있다. 협조문의 3단 흐름을 고려하여 유목화 작업이 진행되어야 한다. 그리고 어떤 주제나 항목에 대해 문장을 구성할 때에는 관련 사항을 여기저기 분산시키지 말고 문장 혹은 하위항목에 모아 담도록 해야 한다. 이해하기 쉽고 전달력을 높이는 중요한 방법이다.

> 수신 ◇◇◇◇장
> (경유)
> 제목 **20○○년 신규직원 교육과정 관련 협조의뢰(PC 및 LAN설치 등)**
>
> 1. △△부-16호(20○○.1.8.) 「2021년 신규직원 교육과정 운영계획」과 관련됩니다.
>
> 2. 위와 관련, 20○○년 신규직원 교육과 관련하여 아래와 같이 협조 의뢰하오니 적절한 조치를 하여 주시기 바랍니다.
>
> \- 아 래 -
>
> 가. 협조의뢰 내용
> ○ 신규직원 교육용(♤♤실습) PC 및 LAN 설치
> ○ 교육 프로그램 설치
> \- △△△화면 ♤♤실습이 가능한 PC 내 프로그램(종합전산망 등) 설치 및 실습용 청구 전산 자료 구축 등
> 나. 설치장소 : 제1별관(◎◎빌딩) 12층, 13층
> 다. 교육인원 : ♤♤의 신규직원 147명
> 라. 교육기간 : 2.12.(화) ~ 2.22.(금) 〈2주간〉
> 마. 기타 사항
> ○ 교육용 PC는 교육 종료 후 개인 관리 PC로 전환
> ○ PC 및 LAN은 1.31.(목)까지 설치완료 요망
> ○ 교육 프로그램은 2.5.(화)까지 설치 및 테스트 완료 요망. 끝.

수신 ◇◇◇◇장
(경유)
제목 **20○○년 신규직원 교육과정 관련 협조 의뢰(PC 및 LAN설치 등)**

1. 관련 : △△부-16호(20○○.1.8.)「20○○년 신규직원 교육과정 운영계획」

2. 20○○년 신규직원 교육 운영 관련하여 아래와 같이 협조 의뢰하오니 적절한 조치를 부탁드립니다.

가. 교육 개요
○ 과정명: ○○○○년 상반기 신규직원 입문교육
○ 인 원: ♤♤의 신규직원 150명
○ 기 간: 2. 12.(화)~2.22.(금) 〈2주간〉
○ 장 소: 제1별관(◎◎빌딩) 12층~13층

나. 협조의뢰: PC 및 LAN, 교육 프로그램 설치
○ PC 및 LAN 설치: 직원 교육용(♤♤실습) 1.31.(목)까지
- 수량: 151대(강사용 1개 추가)
- 장소: 위 교육 장소와 동일
○ 교육 프로그램 설치 2.5.(화)까지 테스트 완료 요망
- △△△화면 ♤♤실습이 가능한 PC 내 프로그램(종합전산망 등)
- 실습용 청구 전산 자료 구축 등

다. 기타 사항
○ 교육용 PC는 교육 종료 후 개인 관리 PC로 전환. 끝.

상황보고서

상황보고서는 주로 어떤 사건상황에 대해 상사가 내용을 파악할 수 있도록 도움을 드리기 위해 작성하는 보고서다. 상황보고서는 신속·정확·간결성을 중시하므로 육하원칙에 따라, Intro에서 개요를 작성하고 Body에서는 심층 분석한 내용을 담아야 한다. Intro와 Body까지는 구체적인 사실관계(Fact)를 담아야 한다는 게 중요하다. Closing에는 구체적인 대책을 제시하기보다는 간단한 의견이나 향후계획으로 마무리하여 신속히 보고하는 게 요령이다. 보고서의 3단계 전개 흐름은 Intro(상황 개요) - Body(심층 분석 내용) - Closing(간단한 의견·대책, 향후 계획)이다.

상황보고서 작성 시 유의사항을 요약하면 다음과 같다.

① 수요자인 상사가 상황을 파악하고 대응방향을 모색하는데 배경지식을 전달하기 위해 작성되는 보고서다.

② 수요자가 원하는 시점에 보고서가 전달될 수 있도록 적시성을 중시해야 한다.

③ 상황보고서는 비교적 적은 분량으로 작성해야 하되 정확하고 신뢰성이 요구되는 상황을 신속하게 보고하는 것이 핵심이다. 정확하게 보고하는 것이 중요한 만큼 보충설명 없이도 수요자가 내용을 파악할 수 있도록

작성해야 한다.

④ 보고서의 서두에는 육하원칙을 바탕으로 상황 개요를 신속히 전달하여 상황에 대한 현황과 심각성을 빨리 파악할 수 있도록 해야 한다.

⑤ Body는 상황 관련하여 심층분석한 내용을 담아야 한다. 예를 들어, 물적 · 인적 피해 내역에 대해 상세히 분석한 내용을 간결하게 제시해야 한다. 보고 시점에 따라 작성 여부가 결정되는 부분도 있다. 발생상황에 대해 어느 정도 조치가 진행된 시점에 보고서를 작성할 경우는 지금까지의 조치현황(기관별 대처상황, 수습상황 등)을 Body에 추가해야 한다. 여러 관계기관이 대응 할 경우는 기관별 조치 내역을 담으면 된다.

신속·정확·간결성을 핵심이며, 보고 시점을 고려해야 한다.

▽---------▽------------▽--------▽

발생보고　　경과/조치보고　　경과/조치보고　　완료보고

⑥ Closing에는 보고 시점을 기준으로 앞으로 어떠한 조치나 대응을 할 것인지 말씀드려야 한다.

⑦ 상황을 요약하고 분석하며 그에 대한 평가의 의견도 전달하면 수요자의 만족도는 높아질 수 있다.

제목 : ________________________

□ 상황개요

□ 심층분석 내용1 … 예)피해 내역

◦ 인명 피해

◦ 물적 피해

□ 심층분석 내용2 … 예)조치 현황

□ 향후 (조치)계획

Revolution in Writing Communication!

Contents

제 6 장

보고서 유형별 작성 노하우 2 (단위 업무·사업 계획보고서, 경과보고서, 결과보고서)

"개수가 많을 경우는 나열하지 말고 몇 개의 카테고리로 유목화하여 전달력을 높여야 한다!"

- 김 달 원(Ph. D.) -

계획보고서, 그 의미를 알아야 한다

계획보고서란 성공적 업무수행을 위한 구체적인 방법과 절차를 담은 문서를 말한다. 업무의 기본 사이클(Plan-Do-See) 중에서 Plan 단계에 작성되며 업무 수행계획을 담아 의사결정권자에게 의사결정을 받기 위해 작성된다. 모든 조직에서 필요한 보고서임은 분명하지만, 직접 성과를 창출하고 관리해야 하는 실행·집행 조직에서 특히 많이 작성되는 보고서로 볼 수 있다.

업무계획서를 잘 작성하려면 업무 추진방법에 대한 고민이 선행되어야 한다. 쉽게 말하자면, 작성에 필요한 자료·아이디어가 준비되지 않는 상황에서 훌륭한 계획서를 작성할 수 없음은 당연하다. 따라서 계획서 작성에 앞서 업무를 추진하고자 하는 취지는 무엇인지, 관련 근거는 무엇인지, 목표는 무엇인지, 성공 요인은 무엇인지, 관계자는 누구인지, 장애 요인이나 잠재문제는 무엇이며 어떻게 관리할 것인지 등에 대한 자료나 정보수집, 아이디어 도출이 선행되어야 한다. 이 절차를 가볍게 진행한 후 수요자의 궁금사항을 도출하고 보고서의 흐름을 잡는다면 매우 효과적일 것이다.

계획서도 몇 가지 유형이 있다. 행사계획서, 운영계획서, 점검계획서, 협약계획서, 평가·심사계획서, 업무·사업 추진계획서 등등으로 표현되고 있다. 유형을 구분하는 방법과 작성법은 뒤에서 다루기로 하자. 우선 계획보고서의 유형과 무관하게 작성준비를 위한 공통 체크리스트를 살펴보자.

- **취지와 목표는 무엇인가?**

업무를 왜 추진하고자 하는지에 대한 명확한 설명이 요구된다. 먼저 취지를 생각하고 스스로를 납득시킬 수 있는 수준으로 정리해야 한다. 추진의 배경이 있는지 확인해야 한다. 정량적인 성과목표가 있는 과제인지, 있다면 성과지표를 생각하고 단기적인 목표와 중·장기적이며 궁극적으로 달성하고자 바는 무엇인지에 대해 짚어보아야 한다. 특히 향후 성과모니터링을 위해서도 구체적인 성과지표를 도출하고 달성목표를 명확히 하면 좋다.

- **업무 개요는?**

업무에 대한 개략적 요지를 전달하여 상사가 업무의 기본 구조를 파악할 수 있도록 해야 한다. 업무의 성격을 파악하고 감을 잡아 발전적 아이디어를 도출하는 데 도움이 된다. 육하원칙을 기준으로 하여 누가, 언제, 어디서, 무엇을(이) 정도의 범위에서 작성하면 된다.

- **핵심성공요인 및 관리방안, 차별화 방안은?**

업무의 목적이나 목표달성을 위한 핵심성공요인(critical success factors)이 무엇인지? 이를 어떻게 관리해 나갈 것인지? 혹은 기존 업무와의 차별화 방안은 무엇인지를 구체화하는 작업이 필요하다. 그래야 보다 세밀하고 성과지향적인 계획서를 작성할 수 있다. 성공요인과 차별화 방안은 '추진 방향, 세부추진계획, 향후 계획 등'을 작성할 시 실마리를 제공해 줄 것이며, 특히 핵심성공요인을 명확히 해야 이를 저해하는 장애요인을 예측하고 대처방안을 떠올릴 수 있다.

- **그간 경과는?**

업무와 관련하여 그동안 진행된 사항에 대해 의사결정권자인 상사가 궁금해 하는 것은 당연하다. 우리는 그동안 어떤 노력을 했으며 어느 정도의 성과나 실적이 나왔는지? 성과를 저해하는 문제점은 없었는지? 관계자와는 어떠한 소통과 업무협의를 하였는지? 이러한 내용은 의사결정권자가 업무와 관계된 전후 맥락을 파악하여 검토의 질을 높이고 최적의 의사결정을 할 수 있도록 돕는다. 계속 추진과제는 필수적으로 짚어야 할 항목이며 신규 추진과제는 상황을 따져 보고 작성 여부를 판단하면 된다.

• 관련 현황은?

업무에 관계된 현황자료를 파악하여 배경의 뒷받침으로 사용하거나 별도의 목차로 제시할 수 있다. 이 자료는 의사결정권자가 업무에 관한 이해의 폭을 넓혀 검토와 의사결정의 질을 높여준다.

• 관련 근거는?

업무추진의 근거가 무엇인가? 여러 업무나 사업을 관리하는 의사결정권자들이 던지는 필수 질문으로 볼 수 있다. 관계된 법령 · 조례는 무엇인지? 업무추진과 관련하여 사전에 수립 · 보고된 계획서는 있는지? 혹은 기관장의 지시사항이나 공약사항과 관계된 업무를 추진하고자 하는지? 등을 확인하고 보고서에 담아야 한다.

• 예산은?

대부분의 업무나 사업을 추진하려면 예산을 필요로 한다. 예산은 업무 성과에 직접적으로 영향을 미치는 중요한 물적자원이다. 따라서 관련 예산을 확인하고 업무 추진상에 예산의 걸림돌이 없음을 말씀드려야 한다. 예산이 소요되지 않는 추진업무일 경우는 언급하지 않으면 된다.

• 업무 진행절차와 일정은?

업무의 규모나 복잡성과 상관없이 모든 업무는 순서와 절차가 있기 마련이다.

행사도 진행순서가 있으며 사업도 추진절차가 있음은 당연하다. 따라서 어떤 절차로 진행되어야 하는지를 구체화할 수 있다면, 업무 담당자는 일에 대한 자신감이 생기며 의사결정권자는 실무자의 생각을 깊이 있게 이해할 수 있어 업무의 성공여부를 가늠할 수 있다. 또한, 깊이 있는 검토가 가능하여 성과 극대화를 위한 의견을 제시할 수 있다. 그리고 절차별 시간계획이나 일정계획을 함께 제시하는 것도 잊지 말아야 한다. 행사, 세미나, 교육, 워크숍, 협약 등과 같은 이벤트성 계획보고서는 내용과 순서, 시간계획 중심으로 표를 구성하면 된다. 일반 업무과제는 업무 흐름(plan-do-see)을 제시하고 각 단계별 추진방법을 제시하는 게 바람직하다.

• 관계자는 누구이며 관리방안은?

조직에서 다루는 대부분의 업무과제는 혼자서 진행할 수 없으며 내·외부 관계자들과 소통하고 협력하여 성과를 창출해 나간다. 업무과제와 관련된 내부 유관부서가 어디인지, 외부 관계기관은 어디인지를 파악하고 업무를 성공적으로 수행하기 위해 그들과 어떤 소통과 협력을 해나가야 할지 그 관리방안을 고민하여 계획보고서에 담아야 한다.

• 필요자원 및 준비물은?

업무 수행상에 필요한 인적자원과 물적자원을 파악하고 확보·관리계획을 수립해야 한다. 다른 항목과 마찬가지로 업무 성공을 결정하는 중요한 항목이다. 인적자원으로는 외부 전문가나 특정 업무를 수행할 용역수행자가 될 수 있다. 물적자원으로는 구매 물품이 될 수도 있으며 PC에서 제작하여 프린팅해야 할 준비물이 될 수도 있다.

• 잠재문제 및 극복방안은?

성공적 업무수행을 위해서는 기본 계획을 잘 수립해야 함은 당연하다. 하지만 기본 계획을 추진함에 있어 걸림돌이 무엇인지 예측하지 못하고 대응하지 못한다면 높은 성과를 기대하기는 힘들다. 특히, 핵심성공요인을 저해하는 요인이 무엇인지는 꼭 생각해 봐야 한다. 협력적 관계자들의 무관심이나 비협조, 업무로 인해 영향을 받는 사람들의 저항, 사회적 분위기에 미칠 악영향, 예산이나 시설 · 도구 등의 부적합, 대외 환경적 변수 등에 대한 제약사항이나 잠재문제를 예측하고 이를 어떻게 극복할 것인지를 계획보고서에 담아야 한다. 이는 업무성과를 관리하는 요소이자 상사 신뢰의 핵심 요인이 되기도 한다.

어떠한 업무를 추진하거나 추진계획서를 작성할 때 위의 내용을 확인하는 습관은 매우 중요하다. 업무의 맥락을 파악하고 계획보고서 작성에 필요한 정보나 자료수집에 큰 도움을 주기 때문이다. 다만, 업무과제의 상황이나 성격에 따라 관련 없는 항목이 있을 수 있으니 유연한 판단이 요구된다.

확인사항	세부 내용	
목표/취지 / 기대효과	성과기준 및 목표	궁극적 취지/기대효과
현황 · 현 실태 / 개요	관련 현황자료 / 현 실태	개요(6하 원칙 고려)
예산 / 관련근거	예산	관련(추진/운영) 근거
경과 리뷰 / 핵심성공요인	경과 리뷰(그간 활동, 실적 · 성과, 문제점)	핵심성공요인 및 관리방안
절차 / 일정		
내 · 외부 주요 이해관계자	내부(유관부서 및 역할분담)	외부(협력, 소통 사항)
필요자원 / 준비물		
잠재문제, 제약사항 및 대처 방안		

어떤 계획서를 작성하고자 하는가

일반적으로 계획보고서를 구분할 때 내용을 중심으로 하고 있다. 행사, 점검, 사업추진, 제도운영, 개선, 프로그램 운영, 협약, 심사 등등의 계획서로 분류할 수 있다. 이러한 내용 중심의 구분도 필요하지만, 내용이 지닌 상황적 특성을 구분할 수 있다면 작성해야 할 보고서의 구조를 이해하는데 도움이 된다. 당연히 자신감도 높아진다. 계획서의 구조를 결정하는 4가지 핵심사항은 다음과 같다.

첫째, 신규업무인지 계속 추진업무인지를 판단해야 한다.

신규업무란 새롭게 시작하는 업무이거나 독립된 업무를 말하며, 계속 추진업무란 업무가 주기적으로 연속하여 진행되는 경우를 뜻한다. 계속 추진업무는 그간 진행된 업무실적이나 진행상의 문제점 등을 모니터링하고 관리해야 한다. 공공조직의 경우 매년 반복적으로 수행하는 사업과제가 대표적인 계속 추진업무이며 매년 목표를 설정하고 달성을 위해 노력하고 있다. 그간 추진사항이나 실적을 보고서에 담을 때는 '그간 추진경과, 추진경과, 추진실적, 추진성과' 등으로 표현하고 있다. 별도의 목차로 등장하는 경우가 많으나, 자료의 성격에 따라 특정 목차의 하위 요소에 배치하는 유연성도 필요하다. 다만, 신규업무의 경우에도 보고 시점을 기준으로 사전에 진행된 사항이 있으면 '추진경과'를 작성하는 경우도 있으니 상황을 따져보고 작성여부를 판단해야 한다.

둘째, 이벤트형 과제인지 일반 업무형 과제인지를 판단해야 한다.

이벤트형 업무는 일시적이거나 단기간 진행되는 경향이 있다. 행사, 세미나, 교육, 워크숍, 협약식 등이 대표적이다. 이러한 이벤트형 업무과제의 경우는 표를 활용하여 업무의 진행순서, 방법, 구체적 시간 계획을 작성하면 된다. 반면에 일반 업무나 사업형 과제일 경우는 업무의 진행 흐름(plan-do-see)에 맞춰 업무 추진단계를 제시해야 한다. 추진단계는 흐름 도표로 제시하는 게 일반적이다.

셋째, 우리가 주도하는 건지 위탁이나 용역과제인지를 판단해야 한다.

우리가 주도할 경우는 각 추진단계별 구체적인 내용과 방법을 작성해야 한다. 실무자도 구체적인 방법을 알아야 추진할 수 있으며, 의사결정권자도 차질없이 진행되는지를 검토하고 관리해야 하기에 작성이 필요하다. 이 내용은 보고서의 중심부인 Body에 나타나며 일반적으로 행사성 과제일 경우는 '세부일정'으로 일반 업무나 사업형 과제일 경우는 '세부추진계획'이라고 표현되고 있다. 일반 업무나 사업형 과제가 위탁이나 용역으로 진행될 경우는 우리가 직접 추진하지 않으므로 구체적인 방법을 알 수도 없으며 의사결정권자도 깊이 궁금해하지 않을 수 있다. 하지만, 위탁이나 용역으로 진행하더라도 업무나 사업에 대한 관리책임이 있기에 과제가 어떤 절차로 진행되는지, 각각의 절차는 언제부터 언제까지 진행되는지는 알아야 한다. 일반적으로 '추진일정'이라는 목차로 등장한다.

넷째, 하나의 큰 과제 속에 여러 하위 과제가 포함된 형태인지를 판단해야 한다.

하나의 큰 과제 속에 여러 가지 프로그램이나 제도에 관한 운영계획을 담고자 할 경우, 여러 가지를 나열하여 보고하는 것은 지양해야 한다. 3~4개의 그룹으로 유목화하고 상위 카드를 담아 상사가 '왜 여러 가지 프로그램이나 제도가 필요한지' 관계구조를 이해하고 의사결정을 할 수 있도록 도와야 한다. 상위 카드는 대체로 각 그룹이 공통적으로 추구하는 가치를 담는다. 이렇게 정리된 이미지는 '추진방향'을 설명하는 내용의 일부로 간주하여 보고서를 정리하면 된다. 그런 후, 각 프로그램이나 제도별 세부계획을 제시하면 필요성을 이해하고 추진방법을 알 수 있어 상사는 효과적인 의사결정을 할 수 있다.

이벤트형 계획서

대내·외 이벤트 진행에 관한 세부내용과 계획을 담은 보고서를 말한다. 여기서 말하는 이벤트란, 일시적으로 여러 사람이 모여 진행되는 행사, 세미나, 교육, 워크숍, 협약식 등을 의미한다. 이벤트형 계획서는 이벤트 진행방식에 관한 상사의 의사결정을 돕기 위해 작성되는 경우와, 행사계획 정보를 전달하기 위해 작성되는 경우가 있다. 후자의 경우는 윗사람이 행사에 참석 전에 행사 개요를 미리 파악하고 말씀 내용을 미리 정리하는데 도움을 드리기 위해 작성하는 경우가 대표적이며, 특히 공공조직에서는 중요 행사가 많으므로 이런 경우가 많다. 보고서의 내용 범위는 수요자인 상사가 누구인지를 생각하고 그들의 궁금사항을 생각하여 판단하면 된다.

이벤트형 계획서 작성 시, 유의사항은 다음과 같다.

① 관련 근거를 먼저 제시한다.

② 이벤트의 성격을 파악할 수 있도록 일정, 참석 대상, 장소, 주요 내용 등의 내용을 간략히 정리하여 도입부인 Intro에 담아야 한다. 특히, 어떤 사람들이 오고 어떤 내용을 다루는지는 상사의 중요한 관심 사항이다.

③ 상사가 이벤트의 분위기를 파악하고 성공적 진행 여부를 검토할 수 있도록 구체적인 내용과 순서, 방법, 시간 계획을 중심부인 Body에 담아야

한다. 표로 일목요연하게 제시하여 전달력을 높일 수 있다.

④ 이벤트 비용이 발생할 경우는 소요예산을 별도로 제시하면 된다.

⑤ 이벤트의 성과를 저해하는 잠재적 요소를 생각하고 어떻게 대응하고 관리할 것인지를 행사계획에 포함시켜야 한다. 내용에 따라 향후계획이나 기타 및 행정사항에 제시할 수도 있다.

⑥ 또한, 이벤트의 성공적 진행을 위해 협력해야 할 관계자가 누구일지를 판단하고 그들과 어떤 소통과 협력을 이끌어 갈 것인지, 주관부서에서 챙겨야 할 행정사항은 무엇인지를 확인하고 말미인 Closing에 함께 제시해야 한다.

⑦ 필요 시, 윗 사람이 반드시 말씀하셔야 할 내용(지시, 격려, 홍보 등) 메시지를 첨부할 수 있다.

공공조직에서 진행되는 이벤트의 형태는 다양하지만, 이벤트형 계획서를 작성할 때 수요자의 궁금사항을 생각하고 보고서의 기본 틀을 구성하는 것은 변함이 없다.

이벤트의 성과를 저해하는 잠재문제를 생각하고 어떻게 대응하고 관리할 것인지를 계획에 포함시켜야 한다.

다음의 사례는 관계기관과의 합동 세미나 개최에 관한 행사계획서이다. 앞에서 제시되었던 계획서 구조를 구분하는 기준에 따라 업무과제의 성격을 살펴보자. 신규 업무과제이자 단기적으로 진행되는 이벤트형 과제이며 우리가 주도하는 과제로 볼 수 있다. 따라서 신규과제이기에 기본적으로 경과에 대한 리뷰가 없으며, 이벤트형 과제이기에 표로 정리하며, 우리가 주도하기에 순서별 구체적인 진행방법을 제시하면 된다.

2025년『함께 잘 사는 길』합동 세미나 개최 계획

<2025. 2. 1. 지원팀>

Ⅰ. 목 적

□ 공공정책을 수립하는 5개 국책연구기관 간의 교류 · 협력 의지를 강화하고, 상호 정보교류를 통한 정책이슈 개발 역량 지원

* 관련 :「2025년 교류 · 협력 세미나 실시 계획」 – 세미나 및 행사부문 234(2025.1.5)

Ⅱ. 실시 개요

□ (일시 및 장소) 2025. 7. 24.(금) 10:00~15:00, 우리연수원 3층(1강의실)

□ (참석자) 약 20명 (각 기관장 및 실무자 3명, 5개 기관)

* 우리 기관, 나라연구소, 정책연구소, 기업연구원, 산업발전연구원

□ (주요 내용)

ㅇ 2025년 정책 환경 변화 및 최근 정책 Trend 이해(특강)

ㅇ 5개 국책연구기관 2025년 정책방향 발표 및 공유(세미나 Ⅰ)

ㅇ 5개 국책연구기관 향후 교류협력방안 논의(세미나 Ⅱ)

Ⅲ. 세부 일정

일정		세부내용	비고
10:00~10:30	0.5H	• 환영인사 및 전체 일정 안내	지원팀장/ 기관장님
10:30~11:30	1.0H	• 특강 - 2020년 정책 환경 및 최근 Trend	정통한 교수
11:30~12:30	1.0H	점심 식사(배달 도시락)	
12:30~13:30	1.0H	• 세미나Ⅰ - 2020년 정책 방향 발표/공유	각 기관
13:30~14:30	1.0H	• 세미나Ⅱ - 향후 교류·협력 방안 논의	토의
14:30~15:00	0.5H	• 전체 내용 요약, 향후 계획 공지	지원팀장

Ⅳ. 소요 예산 : 총 126만원 내외

구분	단위	합계	예산 과목
강사비	80만원×1시간	80만원	업무추진비 (1234-300-210-01)
중 식	15,000원×24명	36만원	
다 과	5,000×20명	10만원	
총 액	126만원		

Ⅴ. 향후 계획

□ 각 기관에 참가 협조공문 발송 : 7.15.(금)

□ 최종 참석자 명단 확정 · 보고 : 7.22.(수)

붙임 2025년 참석대장자 명단 1부. 끝.

다음 사례는 업무협약 체결 계획서이다. 협약 행사를 어떻게 진행할 것인지를 담은 계획서이지만, 크게 보면 공중화장실 개선사업 추진에 앞서 관계기관과의 협약 진행 계획을 담은 것이다. 즉 넓게 보면 공중화장실 개선사업이라는 하나의 사업과제가 진행되는 것이며, 보고서를 기준으로 보면 단기적으로 진행되는 협약 행사에 관한 사항임을 알 수 있다. 따라서 협약 행사와 사업 내용을 함께 고려하여 수요자의 궁금사항을 끌어내고 문서의 범위를 결정해 나가야 한다. 예를 들자면, '협약 개요'와 '사업 개요'가 동시에 작성되어야 하는 이유이기도 하다.

또한, 계획보고서 구조파악을 위한 3가지 기준으로 보면, 협약체결은 신규과제이며 이벤트성 보고서이다. 신규과제이지만 보고 시점을 기준으로 앞서 진행된 사항들이 있으면 그간 추진 경과를 보고서에 담으면 된다. 그리고 넓은 범위의 사업절차(협약서명 → 시설개선공사 착공 → 준공 및 개소식 행사 → 생활용품 비치 및 홍보활동)를 볼 때, 우리가 주도하는 것은 협약식뿐이며 나머지 사업절차는 상대기관에서 주도하는 것이기에 협약식에 대해서는 어떻게 진행할 것인지 구체적인 방법을 작성해야 한다. 일반적으로 '협약 개요'와 '진행 일정' 정도로 표현된다. 사례에서 진행 일정이 생략된 이유는 서면협약으로 진행되었기 때문이다. 협약식을 제외한 나머지 절차는 상대기관에서 진행하므로 구체적인 방법이나 절차를 작성하지 않아도 된다. 그러나, 절차 대부분이 위탁임에도 불구하고 전체 사업에 대한 책임자는 희망시 미래구 기관장이므로 전체 사업 일정은 확인하고 관리해 나가야 한다. 따라서 세부적이지 않지만 사업의 전체 추진일정은 보고서에 담아야 할 것이다.

희망시 미래구와 행복지키미복지재단 간의

업무협약(MOU) 체결 계획

쾌적하고 안전한 공중화장실 조성사업 시행을 위해 행복지키미재단과 「아리따운 화장방 공중화장실 개선사업」 업무협약을 체결하고자 함

Ⅰ. 관련 근거

□ 미래구 공중화장실 개선 협조요청: 「행복지키미복지재단 2024-40호(2024.12.28.)」

□ 아리따운 화장방 사업 협조요청: 「행복지키미복지재단 2025-4호(2025.2.5.)」

Ⅱ. 추진 배경

□ 최근 화장실 이용객의 공중위생 보건에 대한 관심 대폭 증가

- 최근 코로나19 확산세로 집단감염 가능성이 높은 공공시설(특히, 노후화된 화장실)에 대한 철저한 위생 및 시설 관리 요구 증대

 * 2020년 5월 이태원 지역 코로나19 집단감염 발생으로 공중화장실 이용 불안 확산

□ 쾌적하고 안전한 공중화장실 조성으로 화장실 문화수준 향상 필요

Ⅲ. 추진 경과

□ 2020년 11월: 공중화장실 개선사업 제안 및 기획(행복지키미복지재단)

□ 2020년 12월: 사업대상 공중화장실 선정 및 실측

□ 2021년 1월: 공중화장실 디자인 방향 논의 및 협약안 구상

□ 2021년 2월: 디자인안 확정 및 협약, 공사 준비

Ⅳ. 사업 개요

□ 사업명: 아리따운 화장방 공중화장실 개선사업

□ 기간: 2021.2.16.~2022.2.15. (리모델링 공사: 2.18~3.7.)

□ 예산: 약 90,000천원 ※행복지키미재단 전액 부담

□ 대상 시설

구분	미래구 공중화장실1	미래구 공중화장실2
시설전경	이미지1 (Before)	이미지2 (After)
소재지	아리따운로 25길 123	세로가로 18길 345
면적	68㎡	38㎡
시설년도	1988년	1990년
위생기구 현황	남자: 양변기 3개, 소변기 4개 여자: 양변기 5개 장애인: 양변기 1개	남자: 양변기 2개, 소변기 3개 여자: 양변기 4개 장애인: 양변기 1개

□ 사업 내용

- 이태원1, 이태원3 공중화장실 내외부 리모델링
- 손 소독제 등의 화장실 생활용품 지원 및 비치

□ 업무 분장

구분	기능	비고
희망시 미래구	• 공중화장실 개선사업 후 유지관리 • 공중화장실 개선사업에 대한 행정지원	〈공통〉 • 개소식 행사 협력 • 홍보물 제작 및 홍보 활동
행복지키미 재단	• 공중화장실 개선사업에 대한 기획 및 사업비 부담, 설계 및 시공 • 손소독제, 생활용품 등 자사 제품 일부 지원	

V. 협약 개요

□ 협약일자: <u>2021. 2. 16.</u>

□ 협약방법: <u>서면협약</u> (기관장 서명 후 각 1부씩 보관)

* 사회적 거리 2.5단계 시행에 따른 서면 협약 진행(협약식 생략)

□ 협약기간: 2021. 2. 16.~2022. 2. 15.

□ 상대기관: 사회복지법인 행복지키미복지재단

- 이 사 장: 김 행 복
- 소 재 지: 희망시 미래구 한강대로100(한강로 2가)
- 주요활동: 2020년 남영동 먹자골목 개선사업 外

Ⅵ. 추진 일정

협약 서명	⇨	시설개선공사 착공	⇨	준공 및 개소식 행사	⇨	생활용품 비치 및 홍보활동
2021.2.16.(화)		2021.2.18.(목)		2021.3.8.(월) (세계여성의 날)		2021.3.1.

Ⅶ. 기대효과 및 행정사항

□ 기대효과

ㅇ 쾌적하고 안전한 안심 화장실 조성으로 공공시설 선진화

ㅇ 화장품 공병 등 재활용품을 활용한 친환경 공중화장실 조성

□ 행정사항

ㅇ 착공 전 안내 현수막 게시 등 사전 공사 안내

ㅇ 준공 후 개소식 행사 개최(2021.3.8.) : 행복지키미복지재단

ㅇ 협약식 및 개소식 홍보 보도자료 : 홍보담당관

붙임 1. 업무협약서 1부.

2. 개선 전후 비교도 1부.

제목 : ________________________

□ 관련 근거

□ 목적 · 배경

□ (추진 방향, 추진 경과)

□ ○○ 개요

□ 세부 일정　* 내용과 순서, 방법, 일정 계획 등

□ 소요 예산

□ 기타 및 행정사항

□ (기대효과)

업무 · 사업 추진계획서

일반 업무나 사업에 관한 추진계획서(이하 '추진계획서')는 주어진 업무나 사업과제의 성공적 수행을 위해 구체적으로 어떤 절차와 방법으로 진행할 것인지에 대한 세부추진계획을 담은 보고서를 말한다. 이는 담당자의 추진력과 성과지향적 사고와 관계된 보고서다. 단기 혹은 일시적으로 진행되는 이벤트성 업무와 달리, 일정 기간 장기로 진행되는 경향이 있다. 여기서 말하는 절차란 업무 사이클인 Plan-Do-See의 흐름을 의미한다. 각 절차가 어떠한 내용과 방법으로 진행되는지 상사인 의사결정권자가 이해하고 검토할 수 있도록 담는 것이 핵심이다. 추진계획서 작성 시 유의사항을 정리하면 다음과 같다.

업무 · 사업 추진계획서는
담당자의 업무추진력, 성과지향 역량과 관계되며
실행 · 집행 조직의 역량평가에 자주 출제된다.

① 왜 이 과제를 추진해야 하는지, 그 당위성을 명확히 기술해야 한다. 업무과제의 궁극적 취지로 당위성을 표현하려면 '목적'으로 기술하면 된다. 목표가 미달하거나 고객의 불편과 요구사항, 해결해야 할 문제가 발생하

였다는 내용을 담아 과제수행의 필요성을 설명하려면 '배경'으로 표현하면 된다. 관련 근거는 별도의 단락으로 표현하거나 배경 속에 포함하여 표현할 수 있다.

② 과제수행을 통해 달성하고자 하는 목표를 생각하는 습관이 필요하다. 목표를 설정하려면 성과지표를 결정해야 한다. 그 목표는 합리적인 근거를 바탕으로 수립되어야 하며, 고성과 창출의 원동력이자 성과모니터링의 기준점으로 활용된다.

③ 추진과제가 새롭게 시작하는 신규 추진과제인지 연속적으로 진행되는 계속 추진과제인지를 파악해야 한다. 계속 추진과제의 경우는 그간 리뷰를 담아 의사결정권자가 과제와 관계된 전후 맥락을 파악하고 최적의 의사결정을 할 수 있도록 해야 한다. 일반적으로 '그간 추진 경과', '추진실적', '추진성과' 등으로 표현된다. 다만, 신규 추진과제의 경우도 보고시점을 기준으로 따져보고 그간 리뷰를 담아야 할지를 판단 할 수 있다.

④ 핵심성공요인이나 차별화 방안을 담은 '추진 방향, 추진방침'은 필수사항은 아니지만, 성공적 과제수행을 위한 방향성을 제시하므로 의사결정권자는 물론 실무자에게도 도움이 크다.

⑤ 사업에 대한 개략적 요약을 담아 의사결정권자가 사업 내용을 파악하도록 해야 한다. 육하원칙의 범위를 기본으로 하되, 과제 성격에 따라 판단하여 작성항목을 선택하면 된다. 물론 수요자의 궁금사항을 토대로 결정하는 건 변함없다.

⑥ 내외부 관계자가 누구인지를 판단하여 추진력을 확보해야 한다. 그들과 어떤 소통과 협력을 해나가야 할지 미리 판단하여 계획서에 담아야 한다. 역할분담을 해야 할 내부 유관부서나 외부 관계기관과의 협력체계를 어떻게 해나갈지 별도의 추진체계를 제시할 수도 있다. 관계자를 생각하는 습관은 세부추진계획 작성에도 도움이 된다.

⑦ 구체적인 추진 절차와 방법을 제시해야 한다. 그리고 일정 기간 장기적으로 진행되는 과제이므로 먼저 업무수행의 기본 사이클인 Plan-Do-See의 맥락에서 추진절차를 표현하여 일이 어떤 절차로 진행되는지 전체적 흐름을 이해하도록 하면 좋다. 일반적으로 절차는 흐름 도표(flowchart)를 활용하고 있다. 그뿐만 아니라 절차 단계별 소요 기간이나 일정을 명확히 표현하여 시간 자원을 잘 계획하였는지 의사결정권자가 판단할 수 있도록 해야 한다. 특히, 우리 기관이 주도하는 업무과제일 경우는 각 절차에 관한 세부적인 추진방법을 제시해야 한다. 다만, 일상적인 절차일 경우는 구체적인 방법을 기술하지 않아도 된다. 보고서상에서는 '세부 추진계획' 등의 목차로 제시되는 게 일반적이며 보고서의 중심인 Body로 볼 수 있다. 반면에 우리가 주도하지 않는 업무과제일 경우는 추진단계별 세부적인 설명 없이 기한과 절차만 담아 '추진일정' 정도로 표현하면 된다.

⑧ 계획이 성과로 거듭나기 위해 앞으로 어떻게 관리해 나갈 것인지를 보고서의 말미인 Closing에 담아야 한다. 보고서의 목차로는 '향후 계획', '향후 추진계획', '향후 추진일정' 등으로 제시된다. 특히 목표나 핵심성공요인의 저해요인이나 잠재문제를 예측하고 이를 극복하기 위해 어떻게 관

리할 것인지는 향후 계획에 꼭 담아야 한다. 과제 상황이나 의사결정권자의 요구사항에 따라 소요예산, 홍보계획, 행정사항 등을 Closing에 추가로 제시할 수 있다. 마지막으로, 과제가 성공적으로 수행되었을 경우 예상할 수 있는 공익적 가치를 생각하고 기대효과를 추가하는 것도 고려해 볼 만하다.

신규 추진계획서인지, 계속 추진계획서인지를 판단하라!

다음 사례는 공공기관 1회용품 줄이기 추진계획서에 관한 내용이다. 중앙부처에서 기본계획을 수립하고 각 관계기관은 함께 실천해야 할 과제로 볼 수 있다. 관련 활동이 몇 년 전부터 진행되어 온 계속추진과제이기에 그간의 추진경과를 제시하였다. 또한, 장기적으로 진행되는 과제이기에 Plan-Do-See의 흐름에 따라 전체 업무 추진절차를 표현하였다. 기관이 주도하는 과제이기에 각 단계에 대해 어떻게 추진하고 관리할 것인지를 구체적으로 담았다. 추진상 예상되는 잠재문제로는 참여 기관이 활동에 비협조적이거나 소극적으로 참여할 수 있다는 것이다. 매년 2월 실적제출 및 평가는 잠재문제에 대한 대처방안이자 See 단계 활동으로 볼 수 있다.

공공기관의 1회용품 줄이기 추진계획

□ 추진배경

○ 1회용 종이컵 보증금제 폐지 등 1회용품 규제 개선(△△△△.6.30)이후 1회 용품 사용량이 증가 추세

* 커피전문점 등 휴게음식점은 20~50%, 대형할인점은 30~200% 증가 추정

* 종이컵은 최고급 천연펄프로 제작(100% 수입)되며, 종이컵 1개 생산시 CO_2 11g 배출, 종이컵 1톤 생산시 20년생 나무 20그루 소요

○ 1회용품 사용을 자율적으로 줄이고, 불가피 하게 발생되는 재활용가능 자원은 회수를 강화함으로써, 공공기관 저탄소 녹색실천문화 확산

□ 그간 추진현황

○ '♡♡년부터 공공기관 『1회용 종이컵 줄이기』 추진

- 개인별 다회용 컵(머그 컵)사용은 어느 정도 정착되었으나,
- 커피자판기 등에서 종이컵이 다량 발생하고 있으며, 각종 회의시 병입 음료수와 종이컵을 함께 사용하는 경우가 언론 등에 보도

○ 공공기관의 1회용 컵 사용시 재활용 협조요청(△△△△.4, 환경부 → 각 부처)

- 일부기관에서는 1회용 종이컵을 적극 회수하여 매각(재활용), 대부분 기관에서는 일반쓰레기와 함께 버려져서 폐기물로 처리

○ 종이컵 등 1회용품 줄이기 활성화 대책 차관회의 보고(▽▽▽▽.5.21)

- 공공기관 1회용 종이컵 발생량 및 재활용 우수사례 공유

- 기관별 발생사례 : 과천청사 68kg(17,000개), 중앙공무원교육원 28kg(7,000개), 서울대학교 250kg(62,500개), 대법원 320kg(80,000개), 과천시 6kg(1,500개)
- 재활용 우수사례 : 대법원에서는 청소용역업체 관계자가 청사쓰레기 중 재활용품을 별도 선별하여 종이컵 및 우유팩 약 3.8톤을 매각, 연간 약 300만원의 수익효과(매각대금 1,070천원, 폐기물처리비용 절감효과 2,000천원)

□ 세부 추진계획(관계기관 협조 요청사항)

회수 · 재활용 체계 구축	⇨	기관별 시행수칙 마련 · 시행	⇨	교육 및 홍보	⇨	실적 제출 및 평가
▽▽▽▽.5월		6월		6월~7월		매년 2월

○ 1회용 종이컵 회수 · 재활용(판매 등) 체계 구축

- 수집방법: 종이컵 분리수거(회수대 설치 또는 청소요원의 선별작업 등)
- 매각처리: 종이팩 수거업체 등과 계약(관련업체 현황 : 붙임)
- 종이컵 판매대금: 환경보전 활동, 장학금 지급 등 공공목적에 활용

  * 폐 종이컵 및 종이팩(우유팩)은 발생량 및 수거상태에 따라 100~250원/kg에 매각 가능(1kg은 종이컵 약 250개)

○ 공공기관 "1회용품 줄이기 실천수칙" 마련 · 시행

- 대상기관: 국가, 지방자치단체, 기타 공공기관
- 실천수칙: 붙임
- 추진방법: ▽▽▽▽.6월부터 기관별 실정에 맞는 자체계획 수립 · 시행하되, 공무원교육원 등 종이컵 다량발생기관(우유팩 포함 100kg/월 이상)은 반드시 분리수거(선별) 후 재활용(매각 등)

  * 특히, 교육기관 · 연금매점 · 구내매점 등 1회용품 다량발생기관은 자체계획을 수립 시행하도록 하고, 교육과학기술부 및 각 교육청에서는 대학교 등 각급 학교가 종이컵과 우유팩을 철저히 분리수거 하도록 조치

○ 직원교육 및 홍보

- 직원은 직장교육 등을 통하여 실천 운동 전개
- 교육생, 민원인, 방문객 등에게는 안내 문구 부착 등 홍보

  * 홍보용 스티커를 직장 내 회의실, 탕비실 등에 부착(별도 제작 배부예정)

○ 공공기관의 1회용품 줄이기 실적제출 및 평가

- 실적제출: 전년도 실적 및 우수사례를 다음 연도 1월말까지 환경부에 통보
- 평가시기: 매년 2월
- 평가방법: 민간단체 등을 통해 실천수칙 이행을 위한 기관별 노력의 여

부와 추진 성과평가
- 평가결과: 우수기관 포상 및 우수사례 확산 · 전파

□ **향후 계획**

ㅇ 대상 공공기관 '실천수칙 마련 · 시행' 협조 공문 발송 : O.O

ㅇ 관련사항 보도자료 작성 · 배포 : O.O

붙임 1. 종이팩 수거업체 현황
2. 공공기관 1회용품 줄이기 실천 수칙. 끝.

다음 사례는 점검업무 추진계획서에 관한 내용이다. 추가점검이기에 계속 추진형 과제이다. 일반 업무형 과제이며 위탁이나 용역이 아닌 작성 기관에서 주도하는 업무다. 상사의 첫 번째 궁금사항인 추가점검의 취지를 박스 안에 간략히 제시하였다. 또한, 계속 추진형 과제이기에 그간 리뷰를 간단하게라도 1줄로 표현하였다. 과제 추진방법에 대한 요지를 전달하기 위해 육하원칙의 범위에서 개요가 잘 제시되었다. 업무과제에 관한 개요를 정리하여 제시하면 과제에 대한 이해도가 높아져 효과적인 세부계획을 수립하는 데 큰 도움이 된다.

일시적인 행사성 업무가 아니라 일반 업무형 과제이므로 Plan-Do-See 흐름에 맞춰 과제가 어떤 절차로 진행되는지를 보여주었다. 보고서 작성 기관이 주도하기에 각 단계에 대한 구체적인 추진방법을 표에 기술하였다. 본 과제를 수행함에 있어서 장애요인이자 잠재문제로는 점검 대상기관에서 점검방문을 거부하거나 비협조적으로 나올 수 있다는 것이다. 따라서 이에 대한 대처방안

으로 지원차원의 임의방문임을 사전에 공지하여 협조를 구하겠다는 계획을 함께 제시한 사례다.

코로나19 관련 요양병원 추가 점검계획

요양병원 집단감염 예방을 위해 시설 · 종사자 · 환자가 각각 지켜야 할 준수사항 안내 · 점검, 코로나19 관련 애로사항을 청취하고자 함
〈발생 초기(3월)에 요양병원 전수조사를 실시하였으나, 전국 확진자 수는 지속 증가 추세〉

□ 실시 개요

○ (대상) 전국 요양병원 1,500개소
  * 희망 · 성원 170, 해산 · 충정 349, 대청 · 미래 186, 신사 · 한남 240, 중곡 · 수유 175, 가좌 · 영종 380

○ (기간) 2021.6.7.(월)~6.18.(금) 총 10일간

○ (방법) 현장방문(임의 조사), 전수점검(대청시 · 미래도 우선 실시 후 기타지역)
  * 우리직원 방문원칙(정당사유 없이 거부할 경우, 지자체 또는 복지부 공무원 직접 방문)

○ (점검내용) 코로나19 감염예방을 위한 준수사항 점검 및 당부
  - 발열 · 기침 등 유증상자 업무 배제 및 면회객 제한 여부
  - 각 요양병원 · 종사자 · 환자 준수사항 게시물 부착 확인

□ 세부 추진계획

○ (진행 절차) 「사전 준수사항 송부 → 현장점검 → 결과보고」로 진행되며, 행정조사가 아닌 지원 차원의 임의방문임을 사전 공지

단계		날짜	상세내용
사전 준비		6.7. ~6.9.	• 각 '요양병원' 상세 준수사항 송부(이메일, 팩스) 후 시설 내 게시 요청
대청시 · 미래도	현장 방문	6.10. ~6.11.	• 각 요양병원으로 이동 및 담당자 면담 – 감염예방 위해 점검자는 개별 차량으로 이동 – 시설 정문, 로비 등에서 시설 담당자 1인 10분 면담 실시(마스크 착용) – 상세 준수사항 게시 여부 확인(핸드폰 사진 촬영) • 기타 시설 감염예방 관련 애로사항 청취
	결과 보고	6.15.	• 총 방문 기관 및 미 방문기관(사유) 수, 애로사항 • 정당한 사유 없이 방문 거부하는 병원 목록
기타 지역	현장 방문	6.14. ~6.16	(대청시, 미래도와 동일)
	결과 보고	6.18.	(대청시, 미래도와 동일)

○ (보고 체계) 센터(작성) → 지역본부(검토) → 비상대응본부

* 점검결과는 '붙임3(엑셀)' 서식으로 작성 및 보고

□ 기타 및 행정사항

○ 한국요양시설협회 · 전국요양병원에 협조요청(비상대응본부) : 6.4.

* 우리직원 방문 및 면담 요청 시 협조 당부

○ 각 지역별 점검인력 부족 시 인력지원(비상대응본부) : 요청 시

붙임 1. 요양병원 상세 준수사항 1부.

2. 직원 일일 임상증상 기록지 서식 1부.

3. 현장점검 결과 보고서 서식(엑셀) 1부.

다음 사례도 계속 추진과제이기에 그간 리뷰 내용을 간단하게라도 박스 안에 1줄로 기술하였다. 게다가 업무과제에 관한 구체적인 목표도 함께 담았다. 사업과제에 대한 요지를 전달하기 위해 사업 개요를 제시하였으며, 성공 요인과 차별화 방안을 생각하고 추진 방향을 작성하였다. 과제가 어떤 절차로 진행되는지를 흐름도로 제시하였으며, 작성 기관이 주도하기에 각 절차에 대한 세부적인 방법을 기술하였다.

다함께돌봄센터(미래새길) 제3호 개소 추진계획

코로나19 사태로 증가하는 초등돌봄(6세~12세) 사각지대 해소를 위해 추진 중인 돌봄사업(다함께돌봄센터) 제3호점을 개소하고자 함

* 2019년 2개소(산악골문화센터, 새생활주거단지)시작으로 2022년까지 16개소 확대 개소 예정

Ⅰ. 관련 근거

- 「아동복지법」 제44조의2(다함께돌봄센터)
- 「희망시 사무의 민간위탁 촉진 및 관리 조례」 제6조(수탁자의 선정기준 등)
- 「희망시 다함께돌봄센터 설치 및 운영에 관한 조례」 제8조(돌봄사업의민간위탁)

Ⅱ. 추진 방향

- 기본 취지에 맞게 소득과 관계없이 **희망시 거주아동 전체 대상 시행**
- 청소년 유해환경에서 보호받을 수 있는 **안전한 지역 기반시설 활용**

Ⅲ. 사업 개요

- 위치: 미래새길대단지 아파트 커뮤니티센터 내
  - * 미래새길대단지 입주자대표회의와 무상 10년간 임대계약

○ 사업대상: 돌봄이 필요한 희망시 거주 만 6세~12세 초등학생

* 개소일: 2021.3.1., 모집정원: 35명 규모

○ 운영시간: 13시~19시(단, 방학기간은 09시~19시까지)

○ 운영방법: 사단법인 '나눔과 미래' 위탁운영, 보육 및 일반교육 지원

- 자격기준을 갖춘 관리자와 교사 상주 '지도와 안전 책임'
- 돌봄 아동에게 필요한 학습 및 숙제 · 독서 지도 급 · 간식 제공
- 예체능 활동 등 특기 · 적성 프로그램 지원

○ 소요예산: 금○○○○천원(연간, 시비 100%)

- 예산과목: 아동돌봄복지비(12345-012)

Ⅳ. 세부 추진계획

임대 협약식	⇨	위탁운영 체결	⇨	모집 홍보 및 접수 〈총33일간〉	⇨	돌봄센터 개소
2021.1.10.		2021.1.20.		2021.1.25.~2.28.		2021.3.1.

○ 제3호점(미래새길) **시설 임대 협약식**

- 장소: 미래새길대단지 아파트 커뮤니티센터(2층)
- 내용: 미래새길대단지 아파트 커뮤니티센터, 10년 무상임대
- 협약 대상: 미래새길대단지 입주자대표회의

○ 돌봄센터 운영 전문기관과의 **위탁 운영 체결**

- 위탁 운영기관: 사단법인 '나눔과 미래'
- 체결 기간: 계약일로부터 3년간
- 「운영능력 평가 기준」에 따라 평가 후 재계약 여부 결정

○ 제3호점 모집 홍보 및 개소

- (홍보) 단지 내 모집 공고문 게시, 아파트 주민 대상 메시지 발송
- (개소식) 개소일에 맞춰 주민 대표 및 학부모 참석

Ⅴ. 기타 및 행정사항

- ○ 협약식 참가 공문 발송(주민대표, 동장, 입주자 대표회의): 2020.12.20.
- ○ 운영 위탁체결 공문 발송(수신: 나눔과 미래): 1.5.
- ○ 돌봄아동 모집 공고 및 홍보(홍보담당관 협조): 1.25.~2.28.

붙임 1. 협약 서명 양식 1부.

2. 위탁 운영체결 양식 1부.

제목 : ______________________

□ 추진(관련) 근거

□ 목적 · 배경

□ (추진 방향, 그간 추진 경과 · 현황)

□ (개요)

□ 세부 추진 계획

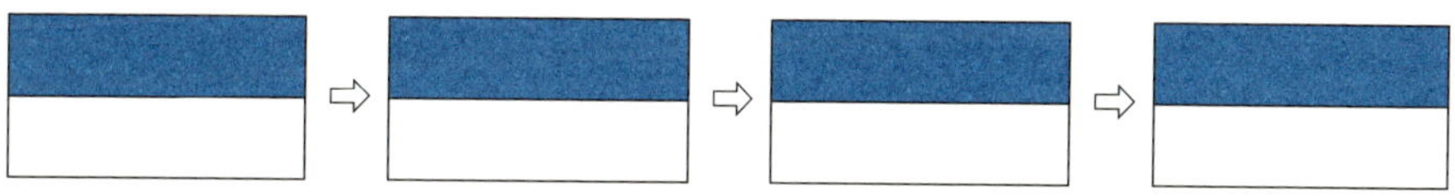

○

–

–

○

–

–

○

–

–

□ 소요예산

□ 기타, 행정사항, 향후계획

□ (기대효과)

여러 하위 과제를 담은 업무 추진계획서

하나의 큰 과제 속에 여러 개의 하위 과제(프로그램, 제도 등)를 포함하고 있는 계획서의 경우, 각각의 프로그램이나 제도를 나열하듯 제시하는 건 바람직하지 않다. 여러 가지 프로그램이나 제도를 동시에 운영하지만 궁극적인 취지는 하나일 것이다. 따라서, 3~4개의 카테고리로 유목화하여 하위 과제들이 궁극적인 취지와 어떻게 연결되는지를 먼저 제시해야 한다. 이로써 상사는 내용의 관계맥락을 파악하고 여러 개의 하위 과제들이 왜 추진되어야 하는지를 이해할 수 있다. 그리고 카테고리별 취지나 지향점을 상위카드에 제시하면 더 설득력 높은 구조가 된다. 그런 후, 하위 과제에 대한 각 세부계획을 제시하면 의사결정권자인 상사가 내용을 이해하고 의사결정하는데 있어서 큰 도움이 될 것이다.

나열하지 말고, 몇 개의 카테고리로 유목화하라!

다음 사례는 조직문화 개선을 위한 신바람 프로젝트로 연간 행사계획을 수립한 보고서다. 내용을 들여다보면 신바람 나는 조직문화 조성을 위해 8개의 하위 과제(프로젝트)를 실시하겠다는 내용이다. 8개의 프로젝트에 대한 세부 계획을 하나하나 나열만 하면 상사의 의사결정에 큰 도움이 되지 않는다. 사례에서 보듯이, 8개의 프로젝트를 3개의 카테고리로 묶고 상위카드를 만든 후 궁극적인 지향점과 연결하여 제시하면 8개 프로젝트가 왜 운영되어야 하는지를 이해하는 데 도움이 된다. 이처럼 먼저 하위 과제의 필요성을 전달한 후, 각 프로젝트에 대한 세부 운영계획을 제시하면 의사결정권자는 각각의 프로젝트 운영방법이 궁극적 취지나 지향점에 맞게 계획되었는지를 검토하고 판단할 수 있다. 이는 보고서의 설득력을 높일 수 있는 논리적인 접근이면서 수요자의 궁금사항에 관한 완결성까지 추구할 수 있는 방법이기도 하다.

즐겁고 행복한 일터 조성을 위한

『다 함께 신바람 프로젝트』 운영 계획

Ⅰ. 목적

ㅇ 전 직원 대상으로 「**소통, 격려, 활력**」을 높일 수 있는 **활기찬 조직문화 만들기 8대 프로젝트 추진**으로 보다 **즐겁고 행복한 일터 조성**

ㅇ 우리 지청 주요정책의 성공적 이행을 위한 **지청장 현장경영 활성화**

> * '**다 함께 신바람 프로젝트**'란?
> 『신나는 지청, 소통하는 지청, 남들과는 차별화된 지청』 을 함께 만들어가는 활기찬 조직문화 조성 프로젝트

Ⅱ. 운영 방향

ㅇ 지청 內 **전 직원이 함께 참여하고 공감할 수 있는 프로그램 운영**

ㅇ 부서장 주도의 솔선수범으로 직원들의 **자발적, 참여적 분위기 조성**

○ **지속적 모니터링**을 통한 **운영 효율성 제고, 개선 방향모색**(선택/집중)

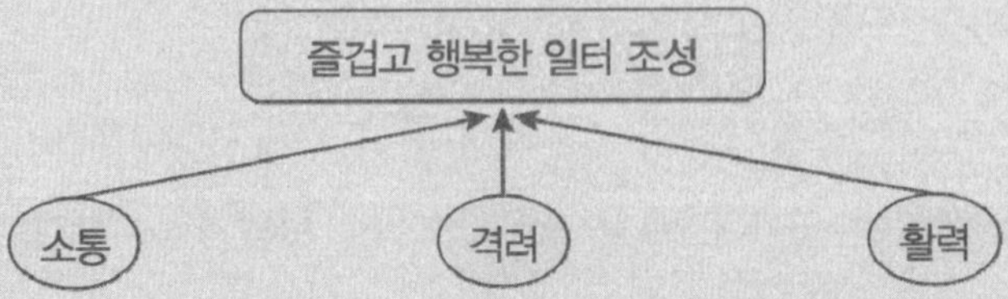

① 너와! 나의! 연결고리	③ 파릇파릇 성장일기	⑥ Every Day, Happy Day
(세대간/직급간) 토론회, 간담회	(지청장/부서장 → 사원급) 수습해제 / 입사 1年 축하	(지청장/부서장 → 직원) 각종 기념일 이벤트
② 심통(心通), 방통(旁通)	**④ 넌 역시 최고야**	**⑦ 아침을 깨우는 음악**
(직원 → 지청장) 고충, 건의사항	(지청장 → 전 직원) 친절 우수사원 포상	(전직원) 근무 10분 전, 신청곡 송출
	⑤ 수고했어! 오늘도	**⑧ 명랑운동회**
	(지청장 → 민원상담직원) 민원상담직원 격려	(전 직원) 다양한 스포츠 활동

Ⅲ. 세부 운영계획

1. (프로젝트 1) 너와! 나의! 연결고리

○ 목적:

○ 기간:

○ 대상:

○ 세부내용:

○ 소요예산:

2. (프로젝트 2) 심통(心通) 방통(旁通) 간담회

○ 목적:

○ 기간:

○ 대상:

○ 세부내용:

ㅇ 소요예산:

- (중 략) -

8. (프로젝트 8) 명랑운동회

ㅇ 목적:

ㅇ 기간:

ㅇ 대상:

ㅇ 세부내용:

ㅇ 소요예산:

Ⅳ. 총 소요 예산: 금 ㅇㅇㅇㅇ 내외

ㅇ 예산과목: 조직문화활성화비(123-4567-003)

Ⅴ. 기대 효과

ㅇ 신바람 나는 직장분위기로 **직원 사기 진작, 감성경영 실천**

ㅇ **업무 효율성 제고로 외부 고객만족 경영실천을 위한 기반 조성**

Ⅵ. 향후 계획

ㅇ 부서장 주도의 직원 설명회 개최 안내(동기부여 및 참여유도) : ~1.15.

ㅇ 각 프로젝트 실시 전, 각각에 대한 별도 기안 · 보고 : 수시

위의 사례를 더욱 간결하게 작성하고자 한다면, 여러 프로젝트에 대한 세부 운영계획을 요점 위주로 정리하여 제시하는 방법이 있다. 여러 과제를 요점 위주로 정리하고자 할 때는 표가 가장 효과적이다.

아래 사례는 8대 프로젝트 운영에 관한 세부 계획을 표로 정리한 것이며,

각 프로젝트명과 내용, 방법 등의 요점 위주로 요약 정리하였다. 이 경우 8개 프로젝트 각각에 대한 세부사항은 첨부물로 하면 된다.

Ⅲ. 세부 운영계획

구분	프로젝트명	내용	대상	시기
소통	① 너와! 나의! 연결고리	• 신·구세대 간 불협화음 간담회 * 문화행사, 토론회 등	전 직원	2025.5.~
	② 심통(心通), 방통(旁通)	• 지청장-직원 간 식사 소통 * 고충건의, 현안사항 공유 등	실무 직원	2025.1.~
격려	③ 파릇파릇 성장일기	• 수습해제·임용 1주년 신입직원 축하 이벤트 (지청장 → 사원)	1년차 직원	2025.5.~
	④ 넌 역시 최고야	• 친절·우수사원 격려 및 포상 (지청장 → 전 직원)	실무 직원	2025.2.~
	⑤ 수고했어! 오늘도	• 고객접점직원 격려(감정회복) (지청장 → 민원상담직원)	민원 상담직원	수시
활력	⑥ Every Day, Happy Day	• 각종 기념일 이벤트 * 고객의 날, 직원 생일 등	전 직원	2025.1.~
	⑦ 아침을 깨우는 음악	• 근무시간 10분 전 신청곡 송출	전 직원	2025.6.~
	⑧ 명랑운동회	• 다양한 스포츠 활동 * 족구, 볼링, 탁구 등	전 직원	2025.5.~

Ⅳ. 총 소요 예산: 금 OOOO 내외

O 예산과목: 조직문화활성화비(123-4567-003)

Ⅴ. 기대 효과

O 신바람 나는 직장분위기로 직원 사기 진작, 감성경영 실천

O 업무 효율성 제고로 외부 고객만족 경영실천을 위한 기반 조성

VI. 향후 계획

○ 부서장 주도의 직원 설명회 개최 안내(동기부여 및 참여유도) : ~1.15.

○ 각 프로젝트 실시 전, 각각에 대한 별도 기안 · 보고 : 수시

붙임 프로젝트별 세부계획 1부.

유목화 방법을 적용할 수 있는 또 다른 사례를 참고해 보자.

하나의 큰 사업영역에 대한 사업계획서를 작성할 때 여러 가지 세부 사업과제를 보고서에 담아야 하는 경우가 있다. 예를 들자면 연간 사회공헌활동 계획서를 작성할 경우다. 제목은 '○○년 사회공헌활동 계획'으로 나타날 수 있으며, 보고서 속에는 사회공헌활동을 위한 여러 프로그램이나 제도들을 담아야 한다. 이 경우도 각각을 나열하듯 작성하기보다는 몇 개의 카테고리로 유목화하고 상위카드를 만들어 사회공헌활동의 미션, 비전, 목표와 함께 관계구조를 한 장의 체계도로 먼저 제시하면 그 다양한 프로그램과 제도의 필요성을 전달하는 데 매우 효과적이다.

여러 과제를 유목화하여 관계 메커니즘을 제시할 때 활용될 수 있는 구조의 예시는 아래와 같으며, 상황에 따라 항목을 추가하거나 수정할 수도 있을 것이다. 예를 들어, 미션이나 비전을 생략하고 추진목표만 제시한다든지, 각 추진방향(중점방향)에 대한 정량적 목표도 함께 제시할 수도 있다. 하지만, 시행하고자 하는 프로그램이나 제도가 많지 않을 경우는 굳이 유목화하고 관계구조를 만들어 제시해야 할지에 대한 유연한 판단도 필요할 것이다.

미션/비전	
추진 목표	

추진 방향			
세부 실행과제	① ② ③ ④	① ② ③ ④	① ② ③ ④

경과보고서

경과보고서는 업무 사이클인 Plan-Do-See의 중간단계에서 작성하는 보고서다. 장기간 진행되는 업무과제의 경우, 우리가 어떤 노력을 하고 있으며 어느 정도의 성과가 나고 있는지에 대해 책임자인 상사들은 당연히 궁금하다. 따라서 실무자는 장기간 진행되는 업무과제에 대해서는 중간중간 그 경과를 담아 말씀드려야 한다. 이때 작성하는 보고서가 경과보고서다. 경과보고서는 업무 진행상에서 그간의 노력과 성과를 중심으로 작성하는 게 중요하지만, 3단의 맥락을 유지하고 완결성을 추구하는 보고서 작성의 기본원칙은 변함이 없기에 Intro와 Closing도 반드시 작성해야 한다. 보고서 제목은 '~추진 경과, ~추진 경과 및 성과, ~추진현황' 등으로 표현될 수 있다.

경과보고서 작성 시, 유의사항을 요약하면 다음과 같다.

① Plan 단계에 작성했던 업무나 사업과제의 계획서를 참고하여 연속성 있게 작성해야 한다. 예를 들어, 추진배경이나 관련 근거, 세부 추진계획 등을 참고할 수 있다.

② 도입 부분에는 과제의 취지와 개요 중심으로 작성하면 된다. 이는 보고서 독자가 그간의 노력과 성과를 파악하기 전에 이 과제에 대한 이해(왜, 어떤 취지로, 누굴 대상으로 진행되었는지 등)를 필요로 하기 때문이다.

배경, 추진근거, 개요 등이 될 수 있다.

③ 그다음은 우리가 어떤 노력과 활동을 했는지 작성해야 한다. 추진사항, 추진내용, 그간 추진활동 등으로 작성하면 된다. 보고서의 전체 흐름으로 볼 때 이 부분은 Intro의 말미이자 Body의 앞부분에 위치하면 될 것이다.

④ 보고서의 중심인 Body에는 그간의 결과나 성과를 중심으로 기술한다. 당연히 최종 결과나 성과가 아니다. 과제 수행상의 문제점이나 이슈를 더할 수 있으며, 이 경우 Closing의 향후계획에 문제점을 어떻게 대처하고 관리할 것인지 앞으로의 계획을 간략히 제시해야 한다.

⑤ 본 보고서는 중간 경과보고서의 성격이므로 앞으로 가야 할 여정이 있다. 따라서 Closing에는 지속적 성과관리 및 성과 극대화를 위한 앞으로의 계획을 제시하면 된다.

제목 : 　　　　　　　　　　　　경과

□ 추진 배경 / ○○ 개요

□ (그간) 추진사항 / 추진경과

□ 주요 성과 / 주요 실적 (○○○○.○. 기준)

□ 향후 계획

결과 · 성과보고서

일반 업무나 사업과제에 관한 결과 · 성과보고서는 업무 사이클인 Plan-Do-See의 마지막 단계에서 작성하는 보고서다. 즉, 추진 혹은 운영하고자 했던 업무가 종료되는 시점에 작성하는 보고서이며, 먼저 어떤 취지로 업무가 시작되었으며 그동안 어떠한 노력을 하였는지를 간략히 제시한 후 Body에 최종 결과나 성과를 담아야 한다. 보고서 제목은 ~결과/성과 (보고), ~성과 및 평가 등으로 표현될 수 있다. 보고서 수요자가 구체적으로 어떤 결과나 성과를 알고자 하는지를 제대로 확인하는 게 중요하다.

결과 · 성과보고서 작성 시, 유의사항을 요약하면 다음과 같다.

① Plan 단계에 작성했던 계획서와 중간중간 보고했던 경과 보고서를 참고하여 연속성 있게 작성해야 한다.

② 도입 부분에는 업무의 취지와 개요, 노력 등을 제시하여야 한다. 이는 보고서를 읽는 독자가 결과나 성과에 앞서 왜 진행되었고 어떠한 노력을 했는지 궁금하기 때문이다. 목적, 배경, 추진근거, 개요, 주요 추진사항, 주요 추진경과 등이 될 수 있다.

③ 이벤트성 업무과제의 경우는 개요도 결과나 성과의 일부분으로 봐야 할 경우가 있다. 따라서 계획했던 내용이 아니라 실제 결과를 담아야 한다.

예를 들어, 교육이나 세미나에 대한 결과보고서를 작성할 경우, 계획대비 실제 참석인원, 일정, 내용, 장소, 예산 등을 작성해야 한다.

④ 보고서의 중심인 Body에는 업무나 사업을 통해 얻은 결과나 성과를 구체적으로 작성해야 한다. 정량적 내용과 정성적 내용이 함께 제시될 수도 있다. 무엇이 좋았고 무엇이 부족했는지를 다양한 관점에서 검토하되, 수요자의 궁금사항인지는 꼭 고려해야 한다. 한편, 프로젝트성 과제로 진행되어 산출물(시스템 개발, 인프라 구축 등)을 만들기 위해 진행된 업무의 경우는 세부내용(내용, 구조, 의미 등)을 Body에 담으면 된다.

⑤ Closing에서 보고서 수요자의 핵심 궁금사항은 결과가 시사하는 바가 무엇인가, 결과에 대해 우리가 어떻게 대처하고 조치하고 관리해야 하는가, 결과물을 앞으로 어떻게 활용할 것인가 등일 것이다. 결과가 시사하는 바와 향후 계획을 제시하면서 마무리하면 된다. 그리고 결과분석에서 미흡한 부분이 있으면 그에 대해 어떠한 조치를 취할 것이며 앞으로 어떻게 개선해 나갈 것인지, 잘한 부분에 대해서는 어떠한 긍정적인 피드백이나 보상, 공유 전파를 할 것인지를 담아야 한다.

다음의 사례는 신입사원 교육 후 결과보고서를 작성할 때의 기본 양식이다. "신입사원 교육을 했는데 그 결과를 보고드리겠습니다" 라고 주장했을 때 상사의 궁금사항을 생각하고 문서의 범위를 결정하면 된다. 결과를 제시하기에 앞서, 업무의 성격을 파악할 수 있도록 시행된 교육에 대한 개략적 요지를 제시해야 한다. 결과보고서이니 결과가 Body임은 당연하지만, 구체적으로 어떤 결과가 궁금한지에 대한 고민이 필요하다. 신입사원들을 대상으로 교육을 했다고 하니 교육이 신입사원들에게 얼마나 도움 되었는지, 교육에 대한 불만은 없었는지가 핵심 결과일 것이다. 분석결과가 시사하는 바가 무엇인지 또한 수요자의 핵심 궁금사항일 것이다. 마지막으로, 교육결과에 대해 사후관리 계획을 보고서에 담아 말씀드려야 한다. 예를 들어, 연간 교육 이수학점에 반영할 계획은 있는지, 미이수자에 대한 별도의 관리계획은 있는지, 이번 분석결과를 앞으로의 교육에 어떻게 반영할 것인지에 대한 계획을 Closing에 담아야 한다. 또한, 수료생 명단이나 교육 시간표 등의 세부사항은 필요한 사람이 참고할 수 있도록 첨부물로 제시하면 된다.

2025년 신입사원 교육 결과

□ 교육 개요
- ○
- ○
- ○

□ (설문) 분석결과
- ○ 정량적 분석결과
- ○ 기타 의견(정성적 분석결과)
- ○ 시사점

□ 향후 계획
- ○
- ○

붙임 1. 수료생 명단 1부.
2. 교육시간표 1부

다음의 양식은 결과보고서의 한가지 유형인 사업성과 보고서의 기본 구조다. 사업을 추진한 후 어떤 성과가 났는지에 대한 내용을 담을 때 활용된다.

수요자의 핵심 궁금사항은 왜 이 사업을 추진하게 되었는가, 지금까지 우리가 어떤 노력을 했는가, 그 노력을 통해 어떤 성과를 얻게 되었는가, 추가 조치 및 관리계획이 있는가일 것이다. 추가 조치 및 관리계획에 대한 예를 들자면, 성과의 미진한 부분이 있다면 어떻게 관리할 것인지, 우수한 성과는 어떻게 관리(예 : 포상)할 것인지, 성과에 대한 공유는 필요한지(예 : 홍보) 등이 될 수 있다.

사업 추진성과 / 결과

□ 추진 배경

□ 사업 개요

□ 추진경과 / 추진사항

○

○

□ 추진 성과 · 실적 / 주요 성과 · 실적 / 세부 내용

○

○

□ 향후 계획 / 행정사항 / 기타 / 기대효과

○

○

붙임

점검 · 조사 결과보고서

말 그대로 결과보고서 중 하나다. 먼저, 수요자의 궁금사항을 생각하여 보고서의 뼈대를 구성해 보면 Intro 부분은 점검 · 조사에 대한 취지나 개략적 요약이 등장하게 된다. Body는 점검 · 조사 결과를 담되, 결과 내용이 복잡할 경우 결과요약을 먼저 제시한 후 보다 세부내용을 제시하는 게 독자들이 원하는 구조다. 독자는 요약된 내용을 통해 결과의 요지를 먼저 파악할 수 있으며, 이어지는 세부내용을 통해 내용을 연역적으로 해석하며 이해의 폭을 넓혀 나가게 된다. 문장을 채울 때도 최종 수요자의 궁금사항을 생각하고 자연스럽게 응답하듯 작성하면 이해하기 쉬워 좋은 보고서가 될 것이다.

점검은 주로 예방적 조치 활동과 관계되며, 조사는 위반 여부를 확인하기 위해 실시되지만 같은 의미로 쓰이기도 한다. 점검보고서의 예시로는, 위생실태나 정보보호 실태, 안전사고 실태 등의 현장점검이 대표적이다. 점검보고서는 Intro에서 점검의 취지를 먼저 언급해야 하며, 개요의 세부항목으로는 기간, 점검자, 점검방법, 점검대상, 주요 점검내용 등이 될 수 있다. Body는 점검결과에 대해 다각도로 분석하여 제시하되, 결과요약을 먼저 제시하고 영역이나 항목별 점검결과를 제시하면 된다. Closing에는 점검 결과에 대해 앞으로 어떻게 조치 · 관리할 것인지에 대한 계획을 말씀드리면 된다.

조사보고서의 예시로는, 만족도 조사, 법률이나 규정 위반여부에 관한 조사 등이 있다. Intro는 조사의 배경과 취지로 시작하여 조사의 개요를 담아야 한다. 개요는 조사 개요, 제보 개요 등의 목차로 등장할 수 있다. Body인 조사결과에는 조사 내용과 분석적 의미, 이를 바탕으로 한 의견이나 시사점은 무엇인지를 요약해야 한다. Closing에는 필요에 따라 시사점이나 향후 계획, 조치사항, 행정사항 등으로 마무리하면 된다.

예를 들어, 고용노동부 근로감독관이 관리 사업장에 대해 부정수급 여부를 조사한 후 그 결과를 보고서로 작성하는 경우가 있다. Intro에는 조사하게 된 배경이나 경위, 그리고 조사대상 등의 조사 개요를 말씀드리도록 한다. Body에는 무엇을 어떻게 조사하여 어떠한 결과가 나왔는지를 충분히 독자가 이해할 수 있도록 작성해야 한다. 조사 내용 및 결과, 검토의견 등으로 정리하는 게 일반적이다. 문장표현은 말씀드리듯 자연스럽고 명확하게 작성하면 좋다. Closing에는 업무의 성공적 마무리를 위해 앞으로 어떠한 조치나 추가계획이 있는지를 말씀드리면 된다.

점검이나 조사 결과보고서 작성 시, 유의사항을 요약하면 다음과 같다.

① 점검 · 조사에 앞서 실시 계획서를 작성하였으면 연계하여 작성토록 한다.

② Intro는 취지와 배경으로 시작되며 육하원칙에 근거하여 개요를 작성한다.

③ Body에는 점검결과 혹은 조사내용 및 결과를 담아야 한다. 내용이 많고 복잡할 경우는 결과요약을 먼저 제시한 후 항목별 점검 · 조사 결과를 제시하도록 한다. 어떤 부분을 점검 · 조사하였는지, 결과는 어떻게 나왔

는지를 기본으로 하되, 결과가 의미하는 바가 무엇인지의 분석적 의미를 더할 수 있어야 한다. 즉, 별도의 시사점이나 의견을 제시하려는 노력도 필요하다.

④ Closing에는 점검·조사 결과에 대해 앞으로 어떻게 조치하고 관리할 것인지를 작성하면 된다. 향후계획, 조치사항이나 행정사항 등이 대표적이다.

2025년 ○○○ (실태) 점검 · 조사 결과 보고

□ (추진) 배경 / 목적

○

□ ○○ 개요(예 : 사업장 개요, 제보 개요, 조사 개요)

○

○

□ 점검결과 / 조사 내용 및 결과

○ (요약)

○ 내용

○ 의견 / 시사점

□ 향후 계획 / 조치사항 / 행정사항 등

○

○

붙임

Revolution in Writing Communication!

Contents

제 7 장

보고서 유형별 작성 노하우 3 (대책·방안 보고서 : 기획력, 문제해결, 성과개선)

"피상적인 원인만 제시해서는 곤란하다. 원인의 원인을 찾아 해결해야 할 근본원인을 제시해야 한다!"

- 김 달 원(Ph. D.) -

문제해결형 – 대책 · 방안 보고서(문제해결, 정책기획)

최근 공공조직은 승진심사에 역량평가제도를 도입하고 있다. 지식과 정보를 활용하여 문제를 해결할 수 있는 능력을 보겠다는 의미다. 그중에서 대책 · 방안 보고서는 (정책)기획역량과 관련되며 정책기획보고서 혹은 기획보고서로 불리고 있다. 관련 위원회나 의사결정권자가 사회문제나 공적인 문제에 대한 현황과 문제점을 정확하게 인식하고 해결할 수 있는 수단을 검토 · 결정할 수 있도록 말씀드리는 보고서를 말한다. 검토과정에서 해결수단에 대한 수정과 보완요청이 따를 수 있음을 짐작할 수 있다. 결국, '주어진 사회문제를 어떻게 해결할 것인가?'이므로 문제해결 프로세스를 이해하고 이를 기획보고서로 연결시킬 수 있어야 한다. 먼저, 문제해결 프로세스를 통해 대책 · 방안 보고서에 담아야 할 핵심 목차를 생각해 보자.

문제해결 절차	**보고서 목차**
문제 정의	추진배경
⇩	⇩
원인분석	현황 및 문제점
⇩	⇩
해결안 도출	대책 · 방안
⇩	⇩
실행	향후 계획
⇩	
평가 및 사후관리	

Intro는 추진배경이다. 현황 및 문제점과 대책 · 방안이 Body이며 그중에서도 대책 · 방안이 핵심 Body가 될 것이다. 향후 계획은 Closing이다. 이 4가지 목차가 기획보고서의 핵심축이며, 여기에 상사와 작성자의 스타일, 과제 특성을 고려하여 몇 가지 목차가 추가될 수 있다. 예를 들어, 추진방향이나 추진목표, 기대효과 등이 될 수 있다. 그리고 현황 및 문제점을 2개의 별도 목차로 제시하는 것도 자료 상황에 따른 유연성으로 볼 수 있다.

목차가 지닌 의미를 수요자 관점의 논리전개 방식으로 살펴보자. 수요자 관점의 논리 전개를 하더라도 동일한 목차가 나와야 함은 당연하다.

'저출산 해소를 위한 대책'이라는 기획보고서의 목차를 활용해 보자. 먼저, 작성자의 주장이자 제언은 '우리나라 저출산 해소를 위한 대책을 수립하고자 합니다.'일 것이다. 이 경우 수요자의 핵심 질문을 순서대로 제시하면 다음과 같다.

① 왜 의제화 되었는가?

다양하고 수많은 문제 중에서 왜 이 문제가 시급하게 다뤄져야 하는지에 대해 궁금할 것이다. 따라서 의제화된 문제와 대책수립의 당위성을 독자가 명확히 인식할 수 있도록 제시해야 한다. 발생형 문제의 경우, 내용을 작성할 때에는 해결하고자 하는 본질적 문제(바람직한 수준과 현재 상태 간의 차이)를 정확히 인식할 수 있도록 주장 메시지와 관련 근거자료를 제시하면 될 것이다. 저출산 문제의 경우, '출산율은 지속 감소추세이며 OECD평균 대비 크게 낮은 수준'이라는 메시지와 그 근거자료를 제시하면 된다. 이러한 본질적 문제뿐만 아니라, 그로 인해 파생된 문제와 지속될 경우 우려되는 바를 함께 담으면 설득력은 더욱 높아진다. 보고서의 목차로 표현하면 '추진배경'이 될 것이다.

한편, 시행 중인 사업의 운영상 문제점들이 대두되어 개선방안을 마련하여 보고하는 경우도 있다. 이때에는 대두된 문제점을 바탕으로 '왜 개선방안을 마련하고자 하는지'에 대해 자연스럽게 답변하듯 기술하면 된다. 예를 들어, '~년부터 ~~을 위해 A사업을 추진 중이나, ~, ~ 등 운영상의 문제점이 제기되어 이에 대한 구체적인 실태를 파악하고 보완책을 마련하고자 함'으로 작성할 수 있다.

다가올 미래 문제를 예측하고 방안을 마련하는 설정형 문제의 경우는 어떠한 변화(대외환경, 산업환경)가 다가오는지, 그 변화는 우리에게 어떠한 위협이 되고 있는지 혹은 될 것인지의 요점을 제시하면서 방안・대책 마련의 필요성을 주장하면 된다.

② 우리의 문제점은 무엇인가?

발생형 문제의 경우, 무슨 문제점들이 있길래 ①에서 제기한 문제가 발생하였는지, 즉 해결하고자 하는 본질적 문제와 관련하여 집단(국가, 사회, 자치단체, 기관, 조직) 운영 시스템에서 어떠한 문제점이 있는지가 독자의 궁금사항이자 작성자가 담아야 할 내용이다. 문제점을 주장하며 그 원인과 실태를 다양한 관점에서 분석해 보아야 한다. 법률, 제도와 규정, 인프라, 환경 조건과 구조, 사회 분위기, 담당 조직 유무 및 역할, 역량과 인식, 기술, 관리 감독, 소통, 예산, 홍보, 관련 조직간 협력 등 다양한 관점에서 문제점을 분석하고 종합적으로 작성하는 습관이 필요하다. 분석과정을 거치다 보면 ①에서 제기된 문제가 발생하게 된 소수의 핵심원인이 무엇인지 보이기 시작한다. 보고서에는 문제점을 제시하고 그에 대한 근본 원인이나 판단의 근거를 세부적으로 뒷받침하여 의사결정권자가 실태를 정확히 인식할 수 있도록 해야 한다. 저출산 문제의 경우, '일과 가정 양립이 어려운 사회 인프라와 양육 공공성에 대한 사회적 인식 부족' 등이 문제점으로 제시될 수 있으며 각각에 대한 구체적인 실태와 근본 원인을 뒷받침하면 된다.

한편, 시행 중인 사업에 대한 문제점이 대두되어 개선책을 마련하고자 할 경우는 대두된 주요 문제점에 대한 구체적인 실태와 근본 원인을 파악하여 제시해야 한다. 그리고 시행 중인 사업과제의 목표달성률이 미진하여 개선책을 마련하고자 했다면 이 단계에서는 실적이 미진한 원인을 분석해야 한다.

반면에, 설정형 문제의 경우는 ①에서 제기된 환경적 변화이슈로 인한 현재의 위협과 미래에 예상되는 문제점을 구체적으로 분석하여 담아야 한다.

③ 우리와 비슷한 문제를 경험한 국내외 성공사례는?

유사사례는? 의사결정권자들이 자주 던지는 질문이다. 행정기관뿐만 아니라 공공기관에서도 종종 제기되는 질문일 것이다. 특히, 행정기관은 자신과 유사한 문제를 겪은 국내외 선진사례를 참고하여 정책을 결정하는 경우가 많다. 따라서, 문제해결을 위한 대책·방안 보고서를 작성하는 담당자는 해결방안을 제시하기에 앞서 국내외 성공사례를 분석하고 우리에게 주는 시사점을 정리하여 해결방안 도출에 적극적으로 반영해야 할 것이다.

우리와 유사한 문제를 성공적으로 극복한 국내외 선진사례는?

④ 우리의 문제점을 해결하기 위해 무엇을 어떻게 해야 하는가?

앞서 분석된 문제점을 해결하기 위한 최적화된 해결방안을 제시해야 한다. 목표를 달성하기 위한 독창적이며 효과적인 대책을 마련해야 한다. 해결방안은 앞서 제시된 현황 및 문제점과 상관관계가 충분해야 함은 당연하다. 제거해야 할 건 무엇인지?(eliminate) 줄이거나 완화해야 할 것은 무엇인지?(reduce) 늘리거나 확대할 건 무엇인지?(raise) 새롭게 만들어 추진하거나 지원해야 할 내용은 무엇인지?(create) 등의 4가지 관점에서 접근하면 아이디어를 도출하고 정리하는 데 도움이 될 것이다. 저출산 문제의 경우, 출산 및 양육비 지원 강화, 공공 돌봄서비스 확대 등이 수단으로 제시될 수 있다. 보고서의 목차로 표현하면 '개선방안, 대응방안, 대책' 등이 될 것이다. 공적 권한이 있는 행정기관에서 제시할 수 있는 넓은 의미의 정책수단은 규제, 조정, 지원책이다.

⑤ 실행력을 확보하기 위해 앞으로 어떻게 관리되는가?

보고서 수요자이자 의사결정권자는 해결수단이 성과로 거듭나기 위해 추진력을 어떻게 확보하고 관리할 것인지에 대해 궁금해한다. 예를 들어, 인적 및 물적 자원은 어떻게 확보할 것인지? 이해관계자와의 소통 및 협력방안은 무엇인지? 예산 확보를 위한 계획은 무엇인지? 성과 모니터링 및 관리방안은 무엇인지? 등이 될 수 있다. 보고서의 목차로 표현하면 '향후 계획'이 대표적이다.

대책·방안 보고서 작성 시, 유의사항을 요약하면 다음과 같다.

① 문제해결 프로세스를 생각하고 각 목차에 담아야 할 내용을 결정해야 한다. 특히, 배경과 현황 및 문제점이 구별이 안 될 경우는 이 점에 더욱 유의해야 한다.

② 의사결정권자의 핵심 궁금사항을 생각하고 답변하듯 자연스럽게 담을 내용을 결정해야 한다. 이것이 바로 핵심을 담은 보고서를 작성하는 기본 출발점임을 명심하자.

③ 신규가 아니라 주기적으로 진행되는 연속형 과제일 경우, 의사결정권자는 그간 경과가 궁금할 것이다. (그간)추진경과를 표현하는 방법은 크게 두 가지가 있다. 첫째, 추진배경 속에 소단락으로 그간의 노력과 성과를 간략히 제시하여 경과를 리뷰해 주는 방법이다. 둘째, 추진경과를 별도의 목차로 제시하는 방법이 있다. 작성할 분량이나 작성자의 논리전개 스타일에 따라 선택적으로 사용하면 된다.

④ 다양한 관점에서 우리(국가, 사회, 자치단체, 기관, 조직)의 문제점을 분석해야 한다. 특히, 이해관계자가 누구인지 그들의 입장과 요구사항을 고려하여 종합적으로 분석하는 습관은 매우 중요하다. 그리고 의제화된 문제에 관한 피상적인 원인만 찾고 제시해서는 곤란하며 '왜 그렇게 판단하였는지' 원인의 원인을 찾아 문제의 핵심을 파악해야 한다. 이는 구체적이면서도 최적의 해결책을 도출하는 출발점이다.

⑤ 우리와 유사한 문제를 경험한 국내외 선진사례를 분석하고 시사점을 도출하여 구체적이고 효과적인 해결방안의 실마리를 찾도록 노력해야 한다. 물론 유사사례가 없다면 어쩔 수 없다.

⑥ 보고서 작성 취지를 생각하고 내용의 범위를 결정해야 한다. 첫째, 의사결정권자가 대책·방안을 중점적으로 검토하고자 보고서를 요청하였다면 대책·방안을 세부적으로 작성하고 추진력 확보 및 성과 극대화를 위한 향후 계획을 간략히 작성하도록 한다. 둘째, 해결방안뿐만 아니라 실행에 비중을 두어 작성해야 한다면 세부 추진계획과 추진력 확보방안(예 : 추진체계, 홍보계획, 성과모니터링 및 관리방안, 예산계획 등)을 담도록 한다.

⑦ 의사결정권자가 조치해야 할 사항을 구체적이고 명확히 기술하였는지 확인해야 한다. '그래서, 우리가 무엇을 어떻게 해야 하는가?'하는 의문이 생기지 않도록 주의해야 한다.

피상적인 원인만 찾고 제시해서는 곤란하다.
원인의 원인을 찾아 문제의 핵심을 찾아야 한다!

다음의 사례는 대책·방안을 중점적으로 작성한 보고서다. 여기에 추진방향이나 추진목표, 기대효과를 추가할 수 있다. 또한, 상황에 따라 현황과 문제점을 분리하여 작성할 수도 있다.

돌봄 노동자 일자리 보호 방안

1. 추진배경

☐ 아동, 노인, 장애인 등을 보육·간병하는 **돌봄 노동에 대한 수요**는 **급증**하고 있으나, **돌봄 노동자의 근무환경 및 처우는 매우 열악**

※ 10년간 돌봄 노동자 2배 급증 : (2008년) 58만3천 명 → (2019년) 110만1천 명

※ 돌봄 노동자 월평균 임금(157만원)은 전체 노동자(267만원)의 57%에 불과

☐ 돌봄 노동자들이 실제 대국민 공공서비스 제공 역할을 수행하고 있음에도, 이들에 대한 **국가의 사용자 책임은 미흡**

※ 아이돌보미 등의 돌봄 노동자는 코로나19 긴급고용유지 지원 정책 대상에서도 제외

☐ 돌봄 노동자의 노동조건은 돌봄 서비스의 품질과 직결되므로, 양질의 돌봄 제공을 위해 **범정부 차원의 돌봄 노동자 일자리 보호 및 처우개선 방안 마련 필요**

2. 현황 및 문제점

☐ **(고용 불안)** 비정규직·계약직 일자리가 많아 고용 안정성 취약

ㅇ 전체 돌봄 노동자 절반이 비정규직·계약직으로서, 매해 갱신되는 근로계약으로 인해 고용이 매우 불안정, 안정된 생활 불가

※ 전국 돌봄교실에 배치된 돌봄전담사 약 1만300명 중 전일제는 14%에 불과하고, 대다수인 84%가 시간제 근로자

☐ **(처우 불공정)** 부당한 급여책정 방식과 무료노동 강요

ㅇ 돌봄 준비시간, 대기시간, 행정업무 시간 등은 급여 책정 시 근무시간에 포함되지 않아 실제 노동시간의 일부만 인정

ㅇ 근무경력을 거의 인정받지 못해 근속기간 증가해도 임금 정체

※ 3년 이상 근무 시 지급하는 장기근속장려금(월 6~10만 원) 지급 대상도 동일 기관 근속자에 한정

☐ **(노동인권 침해)** 과도한 업무량 등 열악한 근무환경

○ 노동강도를 고려하지 않고 돌봄 노동자 1인당 과도한 돌봄대상 배정

※ 코로나19로 인해 코호트 격리된 요양병원에서 상주하는 돌봄 노동자의 경우 평소보다 2~3배 많은 환자를 돌보고 있는 상황

○ 「근로기준법」상 보장된 휴게시간, 휴일, 유급휴가 등 사용 곤란

○ 특히, 코로나19 감염 위험의 최전선에 노출되어 있는 돌봄 노동자 개인에게 방역 책임까지 전가

□ **(차별 인식)** 돌봄 노동에 대한 차별적 인식 및 평가절하

○ 돌봄을 여성 · 어머니의 속성으로 간주하는 선입견과 함께 전문직업이 아닌 '희생, 봉사'라는 인식이 팽배

※ 돌봄 노동자의 93%가 여성, 57%가 50대 이상 중고령층

※ (♡♡신문) '사랑과 헌신이라는 이름으로 가려지는 돌봄 노동자의 인권'

○ 돌봄에 대한 차별적 인식은 돌봄 노동의 가치를 평가절하할 뿐만 아니라, 돌봄 노동자의 인권 및 열악한 근무환경 개선을 저해

3. 해결방안

□ 돌봄노동 영역의 공공성 강화를 통해 일자리의 안전성 보장

○ **(정규직 전환)** 돌봄 노동자에게 공공기관 소속의 안정적 지위 부여하여 국가의 사용자 책임 강화

○ **(계약기간 연장)** 매년 갱신해야 하는 근로 계약기간을 5년 이상 중 · 장기로 연장하여 일정기간 안정된 일자리 보장

□ 노동의 정당한 대가를 받을 권리 보장

○ **(근무시간 인정)** 돌봄 준비시간, 대기시간 등 실제 노동시간 전체를 근무시간으로 인정

○ **(장기근속장려금)** 타기관 근무 경력까지 근속기간 산정에 포함하고, 지원금액 증액(월 6~10만 원 → 월 10~15만 원)

□ 열악한 근무환경을 개선으로 안전하게 일할 권리 보장

○ **(돌봄대상 조정)** 돌봄 노동자 1인당 배정되는 돌봄대상을 선진국 수준

으로 줄여, 노동환경 개선 및 돌봄 서비스 품질 향상 제고

○ **(휴식권 보장)** 돌봄노동자의 유급휴직, 연가, 휴게시간 사용을 보장하는 사용자에 대해 보조금 지급 등 인센티브를 제공

○ **(감염병 대책)** 돌봄 노동자들의 안전한 근무환경 마련을 위해 감염병 예방을 위한 장 · 단기 대책 마련

- (단기) 방역물품 지원, "감염예방 매뉴얼" 배포, 위험수당 지급
- (장기) 대규모 시설 중심 돌봄을 소규모 지역사회 기반으로 전환하여, 돌봄 대상과 돌봄 노동자 모두의 장기적 안전 확보

□ 돌봄노동자에 대한 인식 개선을 통해 차별받지 않을 권리 보장

○ (캠페인) 학교 · 지역사회 대상 돌봄 노동자 인식개선 캠페인 실시

○ (전문화) 돌봄 노동자에 대한 직업 · 직능교육 확대 지원

4. 향후 계획

□ 관계기관(행정안전부, 보건복지부, 교육부 등) 협의체 마련 : 2월

□ 해결방안별 세부계획 수립 · 보고 : 4월

□ 부처별 세부 실행방안 수립 및 보고 : 6월

특히, 우리와 유사한 문제를 겪으면서 성공적으로 대응했던 국내외 선진사례를 분석하여 과제 해결의 실마리를 찾으려는 노력은 매우 중요하다. 선진기관의 고민은 무엇이었는지, 어떻게 대처하였는지를 살펴 우리에게 주는 시사점을 요약해 보아야 한다. 논리적 흐름으로 볼 때 현황 및 문제점 다음 목차로 오거나, 각각의 대책 · 방안 단락의 하단에 참고자료 형태로 제시할 수도 있다.

다음의 사례는 '요양보호사 교육기관 지정 · 운영에 관한 개선방안' 보고서에서 선진사례 및 시사점을 도출한 내용이니 참고해 보자.

□ **선진사례**

1) 싱가포르 : 국가의 학제 또는 보건부의 통합돌봄 체계에서 돌봄제공자 양성

o 싱가포르는 직업훈련원(Institute of Technical Education)과 돌봄통합기관(Agency for Integrating Care : AIC)의 9개 교육기관에서 돌봄서비스 제공자 양성

- (직업훈련원) 싱가포르의 학교 제도상 중등학교 졸업 이후 일정 수준의 성적에 따라 입학이 가능하고 교육 · 훈련 · 경력 향상의 기회를 제공하는 교육기관

- (돌봄통합기관) 1992년 보건부 산하 기관에서 2008년 독립 법인체로 설립되어, 돌봄 제공자와 이용자에게 정보를 제공하고 전문인력을 양성하거나 훈련시키는 국가적인 통합 돌봄 제공기관

2) 일본 : 지자체 · 학교 · 사회복지법인이 개호복지 인력양성 시설 운영 주체

o 개호복지사(한국의 '사회복지사') 자격취득을 위한 교육은 후생노동대신이 지정하는 전문학교, 단기 대학, 대학 등의 양성시설에서 시행

- 개호복지사 양성시설은 대부분 전문학교이며, 단기 대학 · 대학 개설도 증가 추세

- 개호보험 인력 양성시설 지정 기준은 한국의 시설 · 인력 · 교육과정 기준과 유사

- 인터넷이나 학생 모집용 팸플릿 등으로 양성시설 정보를 정기적으로 갱신하고 공개하도록 규정

3) 미래국 : 지방정부가 공모, 심사위원회를 통해 활동지원사 교육기관 지정

o 장애인 활동지원사 교육은 자립생활센터, 복지관, 재단, 협회, 사단법인 등에서 주관하여 운영

o 지방정부 행정기관장이 시 · 도별 교육기관의 지역별 분포와 활동지원사 수요 등을 고려해 공모하여 신규 교육기관 지정

o 설치기준은 기관 현황과 교육운영능력, 교육관리 계획 등이 주된 내용이며, 심사위원회가 교육기관 지정 · 심사 진행

□ 시사점

- 국가는 적극적인 돌봄의 주체이며 국가 및 관계기관에서 통합적 돌봄체계 수립 및 운영
- 교육기관 선정을 위한 객관적 평가지표 활용, 평가 전담기관이나 심사위원회를 두어 평가의 공정성 및 교육품질 제고

대책 / 방안

□ 추진배경

□ (추진 경과)

□ 현황 및 문제점

○ 현황

○ 문제점

□ (국내외 선진사례 및 시사점)

□ 대책 · 방안

□ 향후 계획

□ (기대 효과)

문제해결형 – 대책 · 방안 및 추진계획 (문제해결, 정책기획, 추진력 및 성과지향)

문제점 해결을 위한 대책 · 방안뿐만 아니라, 구체적인 추진 및 관리계획을 함께 담아야 하는 보고서의 기본 틀이다. 집행조직 혹은 실행조직으로 간주되는 지방자치단체나 공공기관 · 기업에서 작성하는 보고서 유형 중의 하나로 보면 된다. 집행 · 실행조직은 성과를 직접 창출하고 관리해야 하므로 추진력 확보 및 성과 극대화 방안이 구체화 되어야 한다. 이를 위해 해결책에 담긴 각 추진과제 별 세부추진계획은 필수로 작성해야 하며, 추진력 및 성과 극대화를 위한 추진체계, 홍보방안, 성과 모니터링 및 관리방안, 향후 추진일정, 소요예산, 기대효과 등은 상황에 따라 선택적으로 담으면 될 것이다. 세부 추진계획에 담아야 할 내용으로 일반 업무과제의 경우는 '시기, 세부내용, 추진방법, 예산, 기대효과' 등이며, 조직 구성에 관한 과제일 경우는 '시기, 인력구성, 기능(역할과 책임), 소요예산, 기대효과' 중심으로 작성하면 된다.

기획과 계획이 연결된 보고서로도 볼 수 있다. 다시 말하자면, 문제에 관한 해결 대책 · 방안을 찾는 과정까지는 기획으로 보며, 대책 · 방안으로 제시한 추진과제별 세부추진계획, 홍보방안, 추진일정 등은 계획과 관계된 내용으로 볼 수 있다.

직접 성과를 창출해야 하는 집행 · 실행 조직의 경우, 성과 극대화를 위한 세부추진계획 및 관리방안을 함께 담을 수 있다.

해결책(방안 · 대책)과 추진과제별 세부추진계획을 전개하는 방법은 두 가지를 추천한다. 첫째, 문제점 해결을 위한 방향성(해결방향, 개선방향, 추진방향 등)을 제시하고 추진과제별 세부추진계획을 작성하는 방법이다. 이 경우는 추진과제별 세부추진계획이 방안 · 대책을 의미한다. 둘째, 방향성(해결방향, 개선방향, 추진방향 등)과 방안 · 대책을 제시하되, 방안 · 대책을 '무엇을, 누가, 언제, 어떻게'와 같이 구체적으로 작성하지 말고 '무엇(추진과제)' 중심으로 작성하면 된다. 이유는 다음 단락에 추진과제별 세부계획(시기, 내용, 방법, 효과 등)을 말씀드리기 때문이다.

방향성(해결방향, 개선방향, 추진방향 등)을 작성할 때에는 성공요인이나 차별화 방안을 고려하여 2~4줄로 작성하는 게 일반적이다. 다음 사례는 '다문화 가구 조기정착 지원방안'과 관계된 추진방향 사례이다.

□ **추진 방향**

- ㅇ 공정거래 확립을 위한 **국제결혼 중개업 관리제도 강화**
- ㅇ 결혼 이민자 및 다문화 **가족의 조기 적응 지원책 마련**
- ㅇ 외국인과 다문화 가정에 대한 **사회적 포용적 분위기 확산**

다음은 '전통시장 활성화 방안 및 세부추진계획' 보고서 중에서 대책 · 방안 혹은 추진과제의 일부분이다.

□ **추진과제 / 대책 · 방안**

1) 상인 주도형 상인조직 활성화

① '전통시장 활성화 협의회' 구성 · 운영으로 정책 결정 직접 참여

② 상인 상호 간 정보교환, 공동구매 등이 가능한 지원프로그램 개발

③ 경영혁신을 위한 상인 교육 프로그램 개발 · 운영

2) 지역특성에 맞는 맞춤형 전통시장 조성 및 현대화 추진

① 대형도매시장, 전문상품시장, 도심형 중심시장 등 시장특성과 역할에 맞게 전통시장 특화사업 추진

② 경쟁력 있는 상품에 집중하여 주변 상권과의 차별적 운영안 마련

③ 고객 편의성 제고 및 시장 현대화를 위한 아케이드 설치 지원

3) 보고, 먹고, 즐길 수 있는 다양한 축제 이벤트 개최 및 홍보

① 전문성을 갖춘 전담조직을 구성하여 행사지원 강화

② 대학 및 유적지 연계형 축제 프로그램 개발사업 추진(1시장 1이벤트)

③ 거미줄 대중교통(지하철, 버스), SNS 등을 활용한 적극적 홍보 시행

앞서 언급한 바와 같이, 추진과제별 세부계획을 작성할 때에는 '시기 · 기간, (세부)내용, (추진)방법' 중심으로 작성하되, 과제 특성과 상황에 따라 '대상, 장소, 예산, 기대효과' 등을 추가하면 된다. 인적자원 확보계획은 흔히 '추진체계, 추진조직'이라는 목차로 제시되고 있다. 과제를 수행할 내부 인력을 계획하거나 과제와 관계된 외부 관계기관이 누구인지를 확인하고 각자의 역할과 책임을 명확히 하는 것을 말한다. 성과 점검의 시기, 내용, 방법과 성공적 목표

달성을 위한 관리방안도 제시할 수 있다. 홍보계획은 시기, 대상, 내용, 방법, 기대효과 정도로 정리하면 된다.

또한, 추진계획 및 성과를 저해하는 장애요인이나 잠재문제는 무엇인지 생각하고 대응안을 마련하는 것도 매우 중요하다. 장애요인이나 잠재문제로는 영향을 받는 사람들의 반대, 예산 부족, 협조 기관의 비협력, 관계자의 무관심, 대외 환경변화 등이 될 수 있다. 대처방안을 수립할 때에는 예방대책과 발생 시 긴급대책의 관점에서 접근해야 한다.

역량평가 시에는 지시문에 작성해야 할 항목이 제시되는 경우도 많으니 살펴봐야 한다.

□ (추진과제별) 세부 추진계획

[단기 계획]

1) 경영혁신을 위한 상인교육 프로그램 개발 및 운영

- ㅇ 추진 시기: 2025. 8.까지 개발 완료, 2025. 9.부터 운영
- ㅇ 내용: 최신 소비 트랜드, SNS마케팅 등(대면 및 원격 교육)
- ㅇ 방법: 사회적 기업, 지역대학 연계하여 프로그램 개발 및 운영
- ㅇ 소요예산: 약 2억원(대면 1억, 원격 1억)
- ㅇ 추진부서: 소상공인지원과 시장지원팀
- ㅇ 기대효과: SNS 마케팅 등 경영혁신 공감대 확산

2) 시설 현대화를 위한 아케이드 설치 지원

○ 추진 시기: 2025. 7.~12.

○ 내용: 재래시장 거리에 투명 아케이드 설치

○ 방법: 일반경쟁에 의한 시공사 선정, 공정성 확보

○ 소요예산: 약 10억원(2천만원 * 50개소)

○ 추진부서: 소상공인지원과 시장현대화팀

○ 기대효과: 고객 편의성 증대, 미세먼지 등 예방으로 쾌적한 쇼핑환경

[장기 계획]

3) 시장 활성화를 저해하는 법령 및 제도개선

○ 추진 시기: 2025. 12.~

○ 내용 및 방법

- 도시계획법상 재개발 시 전통시장을 제외하여 법적 지원 확대
- 시장 재건축 및 현대화 프로젝트를 위한 공식 보상기준 법제화
- 전통 소매시장 현대화를 위한 소매시장 관리법규 제정

○ 추진 부서: 소상공인지원과 소상공인정책팀

대책 · 방안 및 세부 추진 계획

□ 추진 배경

□ (관련 근거)

□ 현황 및 문제점

[현황]

[문제점]

□ (국내외 사례분석 및 시사점)

□ 추진 목표

□ 추진 방향 / 방안 · 대책 / 추진과제

□ 추진과제별 세부 추진계획

□ (추진체계/추진조직)

□ (성과 점검 및 관리방안)

□ (홍보방안)

□ (장애요인 및 대처방안)

□ (소요예산)

□ (향후 계획)

□ 기대효과

성과개선을 포함한 사업추진계획서 (업무추진력, 성과지향, 문제해결)

집행·실행 조직의 연간 사업계획서에서 자주 접하는 유형이다. 기존에 진행 중인 사업에 대해 그간 진행상의 문제점과 개선방안을 함께 담은 보고서를 말한다.

공공조직은 국가의 정책방향에 대응하고 조직의 미션과 전략과제 실현을 위해 매년 다양한 사업계획을 수립하고 있다. 사업이 시행되면 담당부서에서는 사업목표 달성 정도 및 실행 상의 문제점을 세밀히 모니터링하여 사업의 효율성을 극대화하고자 노력한다. 사업목표 달성 정도가 미흡하거나 문제점이 보이면 즉각적인 개선 활동을 전개하거나 이듬해 사업계획에 개선·활성화 계획을 반영하여 보고해야 한다. 이 경우, 이듬해 사업추진계획뿐만 아니라 그간의 성과, 문제점과 개선·활성화 방안을 함께 보고서에 담아야 한다. 그간의 성과를 담아야 하는 이유는 계속 추진계획서이기 때문이다. 물론 사업 추진 과정에서 특별한 문제점이 없으면 개선·활성화 방안도 담을 필요가 없다.

이 보고서 또한 직접 성과를 창출하고 관리하는 집행·실행 조직에서 주로 작성한다. 따라서 개선·활성화 방안을 실행에 중점을 두어 추진과제별 세부 추진계획까지 제시해야 한다. 세부추진계획에는 추진과제별 추진시기, (세부)

내용, (추진)방법을 필수 작성항목으로 하며 상황에 따라 예산, 기대효과 등을 선택하여 작성하면 된다.

사업 개요는 육하원칙에 근거하여 작성하며, 사업 추진계획은 업무 사이클 Plan-Do-See의 흐름을 고려하여 흐름도를 제시하고 각 단계·절차별 세부적인 추진방법을 기술하면 된다.

보고서의 제목으로는 '○○년 ~운영/추진 및 개선/활성화 계획, ~활성화를 위한 ○○년 ~운영계획/추진계획' 등으로 표현될 수 있다.

집행·실행조직인 지방자치단체나 공공기관 구성원의 역량평가(업무 추진력, 성과지향, 문제해결)에 자주 출제되는 유형이다.

~ 운영/추진 및 활성화 계획

□ 추진(운영, 관련) 근거

□ 추진목표 / 추진방향

□ 그간 운영 결과 / 그간 성과 · 실적

[성과/실적]

[문제점 및 시사점]

□ (이듬해) 사업 개요

□ (이듬해) 사업 추진 · 운영 계획

□ 개선 · 활성화를 위한 세부추진계획

□ 소요예산

□ 기대효과

Revolution in Writing Communication!

Contents

제 8 장

보고서 유형별 작성 노하우 4 (One 페이지, 연간 사업계획, 보도자료)

"조직 집단은 변화하는 환경에 대응하고 적응하는 유기체이므로, 조직을 둘러싼 환경을 이해하는 것이 전략수립의 출발점이다!"

- 김 달 원(Ph. D.) -

One 페이지 보고서

보고서 혁신은 조직의 혁신이다. 보고서가 바뀌면 업무효율이 올라가며 개개인의 생산성이 높아져 조직 생산성을 높여 주기 때문이다. 이러한 측면에서 최근 보고서 강의 중에는 One 페이지 보고서에 대한 수요가 등장하고 있으며, 일부 조직에서는 One 페이지 보고서에 대해 특별히 강조하기도 한다. 이러한 분위기는 조직 내 의사결정권자들의 요구에서 출발한 것으로 볼 수 있다. 챙기고 처리해야 할 사안이 산적하니 장황한 보고서가 아니라 요지나 꼭 알아야 할 내용 위주로 담아주길 바라는 마음 충분히 공감된다. 사회적 분위기로 볼 때 One 페이지에 대한 요구는 더욱 커질 것으로 예상된다. 세계화, 정보통신 발달, 4차 산업 혁명 등의 기술 진화, 시민의 의식과 기대수준 향상 등으로 조직은 더욱 복잡하고 민감한 양상을 띨 것이며, 조직을 이끌어 가야 할 책임자들은 더욱 빠른 정보파악과 신속한 의사결정을 필요로 하기 때문이다.

최근 One페이지 보고서 작성능력이 승진심사를 위한 역량평가 항목으로 다뤄지고 있다.

복잡하고 장황한 보고서 내용을 One 페이지로 정리하는 요령은 보고서 작성자가 갖춰야 할 필수 역량으로 다가왔다. One 페이지 보고서란 내용을 요약한 게 아니라 핵심을 담은 보고서를 말한다. 수요자가 알아야 할 핵심 위주의 내용을 간결하면서도 이해하기 쉽게 작성해야 한다. 하지만, 수요자의 특성이나 상황에 따라 자세한 내용이 담긴 장황한 보고서가 요구되는 경우도 종종 있다. 두 가지 요구상황을 모두 충족하려면 One 페이지 요약보고서를 작성하고 장황한 내용이나 참고사항은 첨부물로 붙임하면 된다.

One 페이지 보고서 작성 시, 유의사항을 요약하면 다음과 같다.

① 3개의 목차를 넘기지 말자

보고서는 기본적으로 3단계*Intro-Body-Closing* 흐름으로 맥락을 구성해야 한다고 했다. 따라서 One 페이지 보고서도 3단계의 맥락적 흐름으로 핵심내용을 압축하여 작성할 수 있어야 한다. 물론 예외가 있을 수도 있겠으며 예외는 예외적 상황에 맞게 잘 대응하면 된다. One 페이지 보고서의 도입부는 대체로 보고의 취지, 과제수행의 취지, 배경, 개요 등으로 제시된다. 중심부에는 보고서 유형에 따라 추진내용, 세부 추진계획, 대책, 해결방안, 추진과제, 검토・조사・분석 결과 등으로 정리되며 종결부는 향후계획, 향후 조치계획, 기타, 시사점, 기대효과, 행정사항 등으로 정리된다.

제목 : ________________

Ⅰ. 도입부Intro

Ⅱ. 중심부Body

Ⅲ. 종결부Closing

② 도입부는 한 개의 목차로 정리해보자

도입부는 문서가 어떤 내용을 다루고 있는지 독자에게 알려주는 역할을 하며 논란의 여지가 없는 내용을 담도록 해야 한다. 주로 독자가 이미 알고 있거나 알고 있다고 간주할 만한 내용, 공감할 필요성이 있는 내용, 범위를 한정해주는 내용, 중심부(Body)의 궁금사항을 떠오르게 하는 내용으로 구성된다.

일반 보고서의 도입부에서는 관련근거, 목적, 배경, 현황, 개요 등을 볼 수 있으며 그중 한 개가 아니라 2~3개의 목차가 제시되고 있다. 하지만 One 페이지 보고서의 경우는 하나의 목차로 도입부 전체를 축약하는 기법이 요구된다.

업무 보고서도 마찬가지다.

예를 들어, 관련근거와 목적, 배경을 하나로 묶어 배경으로 표현할 수 있으며, 추진배경과 현황, 문제점을 현황으로 요약하여 제시할 수 있을 것이다.

③ 중심부가 절반이다

보고서 유형별 특징에서 살펴봤듯이, 모든 보고서에는 중심내용이 있다. 예를 들어, 상황보고서의 경우는 사실적 내용, 행사계획서의 경우는 세부 일정, 업무추진계획서의 경우는 세부추진계획, 문제해결형 보고서는 대책·해결방안이 보고서의 중심내용이자 본론이 될 것이다. 진행 중인 업무보고일 경우는 추진내용이 될 것이다.

One 페이지 보고서를 작성할 때는 중심부가 차지하는 면적을 기본 50%로 접근하는 전략도 필요하다. 보고서의 핵심내용이자 독자가 가장 궁금해 하는 내용이기 때문이다. 물론 복잡하고 세부적인 자료가 있으면 첨부(appendix)를 적극 활용해야 한다. 발표용 보고서의 경우는 하이퍼링크를 활용하는 것도 중요한 요령이다.

④ 종결부는 간략하게 담아라

종결부도 나름 중요한 역할을 한다. 예를 들어, 추진력 확보를 위해 앞으로 어떻게 관리할 것인지, 이해관계자와의 소통 및 협력 계획은 무엇인지, 앞으로 어떠한 조치를 취해야 하는지, 행정적으로 처리해야 할 사항은 무엇인지 등을 전달함으로써 수요자 관점의 보고서 완결성에 기여한다.

일반 보고서의 종결부에는 다양한 목차가 등장할 수 있다. 향후계획, 향후조치계획, 협조사항, 기타, 행정사항, 기대효과 등이며 이 중에서 1~2개 많게는 3개까지 제시되는 모습을 볼 수 있다.

이와 달리 One Page 보고서의 종결부에는 향후계획, 행정사항, 협조사항, 기대효과 등으로 구분하여 작성하지 말고 하나의 목차로 종결부 요지를 담고자 하는 접근이 필요하다. 예를 들어, 향후계획, 협조사항, 행정사항을 따로 작성하지 말고 향후계획으로 정리하면 된다.

⑤ 첨부Appendix를 활용하라

국어사전에서는 첨부란 '안건이나 문서 따위를 덧붙임'이라고 하였다. 덧붙임이라고 했으니 핵심내용에 더하여 붙인다. 즉 핵심이 아닌 내용을 의미한다. 따라서 모든 독자가 알아야 하는 혹은 알고자하는 내용이 아니라 필요한 사람이나 궁금한 사람만 추가로 보거나 활용하라는 의미로 담은 내용으로 이해하면 된다.

특히 한 페이지에 핵심내용만을 담아야 하는 One 페이지 보고서에서의 첨부물 활용은 매우 중요하다. 세부내용이나 참고자료는 첨부로 제시해야 하기 때문이다.

한편, 독자인 상사는 두 가지 유형으로 나눠질 수 있다. 첫 번째 유형은 핵심

내용만 담은 보고서를 선호하는 유형이다. 두 번째 유형은 세부적인 사항까지도 보고서에 담아주길 원하는 유형이다. 이 두 가지 유형의 상사를 모두 만족시키려면 핵심내용을 1~2장에 요약해서 담고 첨부를 활용하면 된다. '더 궁금한 건 뒤에 있습니다.'의 의미이며 세부적인 내용까지도 바라는 상사를 만족시켜 주는 중요한 기능을 하게 된다.

Key Lesson Point

- 내용이 많아 장황한 보고서는 1~2장으로 요약하라.
- One 페이지 보고서에는 핵심만 담고 참고사항은 첨부로 돌려라.
- 발표 자료의 경우, 참고자료나 세부사항은 하이퍼링크를 활용하라.

희망시 미래구와 행복지키미복지재단 간의

업무협약(MOU) 체결 계획

행복지키미재단과 「아리따운 화장방 공중화장실 개선사업」 업무협약 계획을 보고 드림 ⇨ 쾌적하고 안전한 공중화장실 조성으로 화장실 문화수준 향상

Ⅰ. 개요

□ (사업 추진배경) 최근 공중화장실 위생과 보건에 대한 사회적 관심 확산, 이태원 지역 코로나19 집단 감염발생('20. 5.)으로 공중위생관리의 필요성 대두

* 미래구 공중화장실 개선 협조요청 : 「행복지키미복지재단 2024-40호(2024.12.28.)」

* 아리따운 화장방 사업 협조요청 : 「행복지키미복지재단 2025-4호(2025.2.5.)」

• **사업명 : 아리따운 화장방 공중화장실 개선사업(기간 : 2025. 2. 16.~2026. 2. 15.)**   *** 2개소 : 이태원1(녹사평대로) 및 이태원3(이태원로) 공중화장실 내 · 외부 리모델링** • **사업예산 : 약 80,000천원 ⇨ 행복지키미복지재단 전액부담**

□ (협약일자) 2025. 2. 16. * 사회적 거리 2.5단계로 협약식 생략

□ (협약방법) 서면협약(기관장 서명 후 각 1부씩 보관)

□ (협약기간) 2025. 2. 16.~2026. 2. 15.

□ (상대기관) 사회복지법인 행복지키미복지재단(이사장 : 김행복, 용산구 소재)

Ⅱ. 사업 추진 일정

협약 서명	⇨	시설개선공사 착공	⇨	준공 및 개소식 행사	⇨	생활용품 비치 및 홍보활동
2025.2.16.(화)		2025.2.18.(목)		2025.3.8.(월) (세계여성의 날)		2025.3.1.

Ⅲ. 기타 및 행정사항

□ 착공 전 안내 현수막 게시 등 사전 공사 안내 : 2.17.

□ 협약 및 개소식 등의 홍보 실시(홍보담당관 : 보도자료)

붙임 1. 업무협약서 1부.
　　 2. 개선 전후 비교도 1부.

민원행정 수준 진단 및 인증제 도입계획(요약)

□ **검토 배경**

ㅇ 민원행정 수준에 대한 **자율적 진단 및 개선 시스템 미흡**

ㅇ 우수기관 인증제 도입을 통해 **자율적인 경쟁을 유도하여 전체 민원행정 서비스 수준을 제고할 필요**

* 민간의 경우 서비스 품질 진단 · 인증제 보편화(한국능률협회 한국산업의 서비스품질 지수, 한국표준협회 한국서비스품질 지수 등)

□ **추진계획**

ㅇ 민원행정 수준에 대한 자율적 진단모델 개발 · 보급

- (내용) 민원행정 인프라(조직, 인력), 민원실 환경, 민원처리의 신속성 · 친절도, 민원만족도 등을 진단
- (방식) 온라인 시스템으로 자율진단하고 자체 전문가 확인 검증
- (활용) 취약분야 보완 · 개선, 미흡 부분은 행안부에 컨설팅 요청

ㅇ 「민원행정서비스 품질」 우수기관에 대한 인증제 도입

- (방식) 신청을 받아 공신력있는 기관과 공동으로 엄격한 심사 후 인증

인증 신청	⇨	인증 심사	⇨	인증 부여	⇨	사후 관리
실적 등을 포함하여 제출		• 전문가에 의한 서면심사 • 현장 확인 심사		• 심사위 심의 · 의결 • 인증서 등 수여		인증마크 부여, 홍보실시, 포상 등

- (활용) 인증기관은 인증마크 부여, 포상, 컨설팅단 참여로 경험 전파

□ **향후 계획**

ㅇ 진단모델 개발 · 보급(~7월)

ㅇ 신청 기관에 대한 인증 실시(7~10월) · 포상(11.24)

○○○○년도 「희망마을 만들기」 공모사업 현장 점검결과

○○○○년도 희망마을 공모사업에 대한 현장확인 및 자치단체, 주민협의체에 대한 의견을 수렴하고 최종사업 선정에 대한 점검결과를 보고드림.

Ⅰ. 점검 개요

□ 점검기간: ○○○○. 4. 11.~4. 15.(2인1조 3개조로 선별 점검)

□ 점검대상: 응모한 50개 사업 중 1차 심사를 통과한 43개 사업

□ 주요점검내용(43개 시 · 군 · 구, 43개 사업)

ㅇ 자료제출 내용과 현장일치 여부 및 단체장 추진의지 확인

ㅇ 사업 입지의 타당성, 주민자율참여도, 기초단체와 광역간 상행협력 등

Ⅱ. 점검 결과

□ **25개 사업(총 29개)이 '적정함'임** <세부사항 '붙임'>

□ 점검결과 시사점

ㅇ 사업 추진에 대한 열정확인 ⇨ 주민협의체 및 시 · 군 · 구 의원까지 참석

* 동래구, 부산동구, 해운대구, 강서구, 시흥시, 구미시, 광주남구, 창녕군 등

ㅇ (현장확인) 미비점 확인 ⇨ 예산보완(노원구), 사업장보완(대선서구, 광주북구, 안산시)

ㅇ 상생기금확보는 자치단체별로 편차가 큼 ⇨ 확보단체(부산, 대구, 인천, 강원, 경북)

ㅇ 마을기업 등 관련유사사업 연계추진에 대한 이해부족 ⇨ 지속적인 지도 필요

Ⅲ. 향후 계획

□ 현장 점검 시 미비점 보완 ⇨ 지방비확보, 사업장보완, 유사업 연계추진 등

□ 자치단체의 구체적인 의견을 반영한 실행계획 작성(~5.6)

□ 25개 사업 최종선정(4.27) 및 특별교부세 교부요청(4.29)

붙임 세부 점검결과 1부.

※ 출처 : 행정안전부

초 고령화 사회에 따른 대처 방안(요약)

Ⅰ. 검토 배경

□ 우리나라 **고령화 속도**는 **세계 최고 수준**이며 지속될 경우 다양한 사회적 문제를 초래할 것으로 예상

※ 65세 이상 비중 : 2010년 11.3% → 2026년 20% → 2040년 32% 예상

ㅇ **부양 부담 증가**에 따른 **재정의 고갈 및 세대 간 갈등 우려**

Ⅱ. 대처 방안

□ 노인의 사회참여 촉진을 통한 **자아실현 기회 확대**

ㅇ 노인 적합형 일자리 확대 및 고용상 차별금지법 강화

ㅇ 노인의 여가 문화, 봉사프로그램 마련(자원봉사단 등)

ㅇ 노인 대상 정보화교육 등 평생교육 프로그램 확대 보급 · 운영

□ **노인연금의 합리적 개선**

ㅇ 기초 노령연금의 안정적 수급기제 마련

ㅇ 건강보험을 중증질환 중심으로 급여구조 전환

ㅇ 장기 요양 보험제도 지속적 발전방안 마련

□ 고령화 대비 사회 **전문인력 양성 및 제도 개편**

ㅇ 요양보호사 등 노인 전문가 양성을 통한 요양기관 전문성 강화

ㅇ 노인 요양시설 전담 주치의 제도 정착

Ⅲ. 향후 계획

□ △△△△부 주도의 관련부처 위원회 구성(~1월)

□ 각 방안에 대한 구체적인 실천계획 수립 및 보고(~3월)

(요약) 다문화 가구 사회 조기정착 지원방안

다문화 가구 조기 정착을 위한 정책적 지원방안 검토 지시(2024.6.30). 이에, 저해요인을 파악하고 안정적 정착을 위한 지원방안을 마련하여 보고드림

1. 최근 개방적 이민정책으로 다문화 가구가 증가추세이나, '이민~정착' 과정에서 부작용도 발생하고 있음. 지속될 경우 다문화 가정의 사회문제 확산이 우려되는바, 안정적 정착을 위한 종합적 지원 대책 마련이 요구되는 시점임

2. 안정적 정착의 **저해요인**으로는 **① 국제결혼중개 과정의 지원 및 법적 장치 미흡 ② 문화 · 가치관 차이 ③ 언어소통 문제 ④ 다문화 가정 및 외국인에 대한 부정적 인식** 등으로 파악됨

3. 이에, 아래와 같은 방안을 마련하여 안정적 정착을 지원하고자 함

   ① 공정거래 확립을 위한 국제결혼 중개업 관리제도 강화
   - 결혼중개업자 신상정보 홈페이지 공개
   - 공정거래를 위한 '국제결혼중개업 표준약관' 제정

   ② 결혼 이민자 및 다문화 가족의 조기 적응 지원책 마련
   - 결혼 이민자 조기 적응을 위한 '한국문화체험 프로그램' 진행
   - 통 · 번역 요원 파견시스템 구축을 통해 의사소통 지원

   ③ 외국인과 다문화 가정에 대한 사회적 포용적 분위기 확산
   - '노동력 부족, 저출산 해소' 등 다문화 사회의 장점 홍보
   - 학교, 직장 내 다문화 가족 인식개선 교육프로그램 제작 · 지원
   - 주기적인 방문상담을 통한 국제결혼 가정 위기 사전 예방

4. 성공적 추진을 위해, 간담회 · 설문조사 등을 실시한 후(~7.15), 각 세부 추진계획을 마련하여 보고드릴 예정(~7.31). 끝.

연간 사업계획(업무계획) – 전략과제(중점과제) 및 실행과제

공공조직에서는 매년 기관이나 단위조직이 나아갈 방향을 설정하고 전략과제('중점과제'라고도 함)를 도출하고 이를 달성하기 위한 실행과제를 담은 사업계획서를 작성하고 있다. 이는 정부의 정책방향과 급변하는 시민사회, 그리고 산업환경 변화와 요구에 대응하고 적응하기 위한 중요한 활동이다.

조직 집단은 환경에 대응하고 적응하기 위한 유기체이므로 자신들의 생존과제를 발굴하기 위해서는 조직을 둘러싼 환경을 이해하는 것이 전략수립의 중요한 출발점임을 명심해야 한다.

외부환경 / 내부환경	전략 방향 수립	조직운영 및 관리	성과 및 평가
외부환경 거시환경 분석 선진 동향 **내부환경** 사업성과 리뷰 여건 및 강·약점 분석	미션/비전 목표설정 전략과제	조직 구조/개편 조직문화 성과관리	목표달성 성과평가

연간 사업계획 절차를 간략히 정리하면 다음과 같다.

① (성과 리뷰) 우리의 직전년도 사업성과를 평가하고 시사점을 요약한다.

지속경영을 원칙으로 하는 조직 생태계에 걸맞게 연간사업계획은 일회성 관점이 아니라 연속적인 관점에서 수립해야 한다. 따라서 직전년도 사업성과를 돌이켜 보고 연계하여 이듬해 사업목표와 과제를 수립하는 것이 전략적 사업계획의 출발점이다. 직전년도에 우리가 추진한 주요사업내용은 무엇이며 실적은 어떠하였는지를 면밀히 분석해야 한다. 분명 잘한 점도 있을 것이며 한계점이나 미진한 점도 있을 것이다. 분석결과를 토대로 지속적으로 추진해야 할 사항, 개선해야 할 사항, 보완해야 할 사항 등의 전략적 시사점을 요약해 보도록 한다.

조직 집단은 변화하는 환경에 대응하고 적응하는 유기체이므로, 조직을 둘러싼 환경을 이해하는 것이 전략수립의 출발점이다!

② (환경분석 1) 외부환경을 분석하고 우리가 대응해야 할 시사점을 요약한다.

조직을 둘러싼 외부환경은 살아있는 생물체다. 끊임없이 변화한다는 의미다. 이에 대응하고 적응하기 위해서는 외부환경의 변화 동향을 분석하고 그 변화에 어떻게 대응할 것인지를 수립해야 한다. 먼저 거시적 환경분석을 위해서는 PEST(Political, Economic, Social and Technological Analysis) 기법으로 접근하면 된다. 정책・법적인 환경변화는 무엇인지, 경제지표는 어떻게 달라지고 예상되는지, 사회문화적 변화요소는 무엇인지, 정보통신기술과 산업기술 등은 어떻게 변천하고 있는지를 짚어봐야 한다. 그뿐만 아니라 이러한 변화는 우리 사회나 조직에 어떠한 영향을 줄 것인지를 다각적으로 분석하고 어떻게 적응하고 대응할 것인지 전략적 시사점을 정리해야 한다. 그리고 관련 선진국가나 선진기관의 동향, 고객 동향도 함께 살펴보고 시사점에 반영하도록 한다. 특히 공기업의 경우는 조직운영에 직접적으로 영향을 미치는 공급망, 소비자, 경쟁환경 등과 같은 과업환경도 함께 분석하도록 한다.

③ (환경분석 2) 내부환경을 분석하고 시사점을 요약한다.

우리의 체질, 즉 우리 조직의 강점과 약점은 무엇인지를 파악해야 한다. 강점은 외부환경에 대응하고 내부 운영 효율성을 높이는 전략적 자원으로 즉시 활용 가능하다. 약점은 우리 스스로가 보완해야 할 과제이거나 보완을 통해 조직운영 효율성과 외부환경 대응력을 높이는 자원으로도 역시 활용될 수 있다. 내부환경 요소로는 평판이나 위상, 시설 등의 인프라, 기술과 역량, 조직문화, 예산이나 자금력, 인적자원 등이 대표적이다.

④ 사업의 전략 방향을 도출한다.

그간 성과 리뷰 및 환경분석이 제대로 진행되었다면 이를 토대로 조직이 나아갈 방향과 전략과제를 정립하도록 한다. 전략과제는 성과모니터링을 통해 진척도를 확인할 수 있어야 하기에 각각에 대한 별도의 목표를 수립하기도 한다. 전략과제의 범위는 넓다. 전략과제와 목표가 확정되면 이를 달성하기 위한 핵심성공요인을 도출하고 실행과제를 논의하여 확정해야 한다.

미션, 비전, 전략과제, 실행과제가 확정되면 이들 간의 관계구조를 한 페이지 이미지로 표현하여 독자가 사업의 방향과 추진과제를 한눈에 이해할 수 있도록 제시해야 한다. 전략과제와 실행과제를 하나하나 나열하는 것만으로는 각각의 필요성을 이해하기 어렵기 때문이다. 수많은 사업과제가 무엇을 위해 필요한지 이해하기 쉬워 작성자와 결재권자의 의사결정에도 크게 도움이 된다. 전략체계도*Strategy Map*가 대표적인 표현이지만 전략적 추진체계, 비전 및 전략과제 등과 같이 다양하게 불리고 있다.

□ ○○ 사업 추진성과	□ 내외부 환경분석
〈주요 실적〉 〈한계점〉 〈시사점〉	〈외부 동향〉 〈내부 여건〉 〈시사점〉

□ 추진체계도 / 전략체계도

미션/비전	
추진 목표	

전략과제(중점과제)	실행과제
1.	① ② ③ ④
2.	① ② ③ ④
3.	① ② ③ ④
4.	① ② ③ ④

□ 전략(중점) 과제 1 :

1.1. (실행과제 ①)

◦ 사업개요

◦ 추진계획/세부사항

◦ 기대효과

(계속)

보도자료 작성법

보도자료란 기관이나 기업에서 추진하는 여러 가지 활동 계획, 상황, 결과에 대해 언론을 통해 시민들에게 전달하기 위해 작성되는 문서를 말한다.

보도자료 작성 시 유의사항은 다음과 같다.

① 제목에는 내용의 핵심메시지를 담아라.

보도자료의 특성상 독자는 제목을 보고 이 글을 읽을지 말지를 결정하므로 제목의 역할은 매우 중요하다. 제목에는 보도내용의 핵심메시지를 담아야 한다는 것도 일반 보고서와의 차이점이라 할 수 있다. 핵심메시지란 독자가 가장 궁금해하는 내용이면서 보고서에서 말하고자 하는 결론 등을 말한다. 제목은 한눈에 들어와야 하므로 길이는 20글자 이하로 작성하며 부제목을 활용하거나 핵심사항들을 함께 제시하여 독자의 관심을 끌도록 한다.

을지연습, 8월 22일부터 25일까지 전국적으로 실시

- 국가 위기관리 및 총력전 대응 역량 총체적 점검 -

○○○○○ 장관 구로구, 청양군 등 수해 현장점검 실시

- 마을 주민 위로 및 애로사항 청취, 복구 지원방안 적극 검토 -

국민이 제안한 아이디어로 생활안전 문제를 해결한다

- 행안부, 자동 부상식 안전 울타리(펜스) 등 우수아이디어 5건 선정 -

② 친근감 가는 구어체로 작성하라.

내용을 기술할 때에는 마치 옆에 누가 있어서 말을 하는 것처럼 작성하면 더욱 재미있고 감정이 담긴 표현을 할 수 있다.

③ 깔때기 형식으로 본문을 전개하라.

가장 중요한 정보를 앞부분에 쓰고 뒤로 갈수록 덜 중요한 내용을 담고 있어야 한다. 첫 문장이 가장 중요하다. 첫 문장만 읽어도 전체 내용의 감을 잡을 수 있도록 요지를 작성해야 하며 뒷부분은 세부내용이나 참고할 만한 사항 등을 담도록 한다. 첫 문장은 육하원칙을 바탕으로 개요를 작성하듯 서술하는 게 일반적이다.

④ 사실에 근거하여 간결하게 작성해야 한다.

주관적 생각이 아니라 사실에 근거하여 과장하지 말고 진실에 충실해야 한다. 그리고 " "같은 인용 부호를 활용하면 독자의 신뢰성을 높일 수 있다. 한 문장에 장황한 내용을 많이 담기 보다는 가능한 한 가지 내용만 담고 평균 글자 수는 60자 정도로 한다.

⑤ 시각정보는 전단력을 높인다.

관련된 사진, 그래프, 표 등을 활용하여 보도내용의 전달력을 높일 수 있다. 이는 신뢰성과도 관계된다. 다만 여러 개를 넣기보다는 보도내용을 이해하거나 주의를 끄는데 가장 효과적인 시각자료를 선택하는 접근이 필요하다. 추가로 참고할 만한 이미지나 내용은 붙임으로 하면 된다.

⑥ 독자의 입장에서 작성하라.

대다수의 독자는 일반인들이기에 전문용어나 내용은 이해하기 어려울 수 밖에 없다. 따라서 단어 선택 및 문장표현은 독자의 입장에서 쉽게 작성하도록 해야 한다. 키워드를 활용하여 독자의 검색 편의성도 제고되면 좋다. 아울러 독자들은 '내가 왜 관심을 가져야 하는지'를 궁금해하기에 보도내용이 독자에게 어떤 의미와 가치가 있는지를 마무리하는 순간까지 생각하며 작성해야 한다.

⑦ 의미 있게 마무리하라.

서두와 본문에서 요지와 세부내용을 전달하였으면 글의 마무리를 해야 한다. 보도내용이 특정 다수에게 어떤 도움이 될 것인지, 공익적 가치는 무엇인지, 앞으로 어떤 계획이 있는지, 보도내용이 우리 사회에 시사하는 바가 무엇인지 등을 작성하며 마무리하는 게 일반적이다.

민원신청 간소화를 위해 **주민등록 구술 민원사무 확대**	
□ 행정안전부(장관 ○○○)는 민원신청의 간소화를 위해 실시하고 있는 주민등록 구술민원 사무에 ○○○○년 ○월 ○일부터 '주민등록전입세대 열람 신청'등 4종을 추가하여 확대했다.	요지 (육하원칙)
□ 구술 민원서비스는 민원인이 읍 · 면 · 동 주민센터를 방문하여 종이신청서를 작성하는 대신 민원명, 인적사항 등에 대해 말로 신청하고 전자서명 입력기를 통해 전자적으로 서명하는 것만으로 민원을 신청할 수 있는 제도로, ○ 이번에 ① 주민등록전입세대 열람 신청, ② 정정(말소, 거주불명등록) 신고*, ③ 주민등록신고(신청) 지연사유 신고, ④ 전입(국외이주 · 재등록) 신고**의 총 4종을 구술민원에 추가했다. * 정정(말소, 거주불명등록) 신고 : 본인만 구술민원 가능 ** 전입(국외이주 · 재등록) 신고 : 세대주 본인만 구술민원 가능 ○ 이로써, ○○○○년 ○월부터 서비스하고 있는 주민등록 등 · 초본 교부 신청, 주민등록증 분실신고 등 **5종*의 민원사무까지 합하여 총 9종에 대해 구술민원이 가능**해졌다. * 이미 시행중인 주민등록 민원사무(5종) : ① 주민등록등 · 초본 교부신청,	세부사항 (사실에 충실)

② 주민등록증 발급 확인, ③ 주민등록증 재발급 신청, ④ 주민등록증 분실 신고(철회 신청), ⑤ 주민등록등 · 초본발급통보서비스(변경, 해지) 신청 □ 행정안전부 OOO 자치제도기획관은 "주민등록 구술민원 신청 서비스는 간단한 구술과 전자적 서명으로 민원을 신청할 수 있는 편리한 제도"라며, ㅇ "이번 **구술민원 사무 확대로 민원인 편의 증대, 비용 절감 등 행정의 효율성을 높일 수 있을 것**"이라고 말했다.	향후계획/ 기대효과/ 시사점/ 다짐/바람

지은이 소개

김 달 원

- 이메일 : kdwon3@hanmail.net
- 연락처 : 010-2294-1214

소속 및 활동

- 한국조직역량개발원(KODI) 대표 컨설턴트
- 단국대학교 정책경영대학원 & 경영학과 외래교수

주요 경력

- 한국고용노동교육원 객원교수
- 피에스아이컨설팅 성과혁신연구소장/전임교수
- 국민권익위원회, 교육부(중앙교육연수원) 역량평가 DC/AC 강의, 심사평가 위원
- 월간HRD 2019 Best Facilitation(우수 강사) 선정
- 현대자동차그룹 인재개발원 제1회 최우수 강사상(1등) 수상
- 한국고용노동교육원 우수강사상 수상
- 충청남도평생교육진흥원 자문위원
- LG그룹(유통, 디스플레이) HR파트장(HR전략/HRD기획) · 경영혁신(BPR, 6sigma)

프로필

20여 년간 조직개발 및 인적자원개발 분야에 종사해 왔다. 단국대학교에서 경영학 박사학위(인사조직전략)를 취득하였으며, 현재는 대학 및 대학원에서 배운 이론적 지식과 현장 경험을 토대로 강의 및 컨설팅 활동을 활발히 수행하고 있다.

주요 강의 및 컨설팅 분야는 기획력 · 보고서, 역량평가, 주도적 업무수행(업무추진력), 문제해결, 조직 커뮤니케이션, 리더십, 성과코칭, MBO전략적 성과관리(목표수립, 면담, 공정한 성과평가), 전략경영, 조직진단, 조직 재설계 등이며 공공조직과 민간기업을 대상으로 하고 있다.

저서로는 '냉철하게 쓰고 한눈에 보이는 「보고서의 정석」('15년)'과 '창업행동세미나('21년, 공저)'가 있으며, '리더십 플랫폼 ; 누가 변화와 성과를 이끄는 리더인가?'를 집필 중이다.

특히 본 도서와 관련해서는 공공조직 및 민간기업을 대상으로 공문서, 기안문, 보고서, 정책기획서, 기획력 향상, PPT문서작성에 관한 강의와 역량개발을 지원하고 있다.